Estratégia: O Poder da Gestão Estratégica para Identificar, Explorar e Resolver Problemas

TÍTULO ORIGINAL
Estratégia: o poder da gestão estratégica para identificar, explorar e resolver problemas

AUTORES
Gabriel Silva e José Trovão Silva

CONJUNTURA ACTUAL EDITORA
Sede: Rua Fernandes Tomás, 76-80, 3000-167 Coimbra
Delegação: LEAP CENTER – Espaço Amoreiras
Rua D. João V, n.º 24, 1.03
1250-091 Lisboa – Portugal
e-mail: editoras@grupoalmedina.net

DESIGN DE CAPA
FBA

PAGINAÇÃO
Aresta Criativa – Artes Gráficas

IMPRESSÃO E ACABAMENTO
ARTIPOL - www.artipol.net
Janeiro de 2020

DEPÓSITO LEGAL
466254/20

ACTUAL | GRUPOALMEDINA

BIBLIOTECA NACIONAL DE PORTUGAL – CATALOGAÇÃO NA PUBLICAÇÃO

SILVA, Gabriel, e outros

Estratégia: o poder da gestão estratégica para identificar, explorar e resolver problemas / Gabriel Silva, José Trovão Silva
ISBN 978-989-694-475-9

I – SILVA, José Trovão

CDU 005

ESTRATÉGIA:
O PODER DA GESTÃO ESTRATÉGICA PARA IDENTIFICAR, EXPLORAR E RESOLVER PROBLEMAS

Gabriel Silva
José Trovão Silva

ACTUAL

ÍNDICE

Introdução

Pretendemos com esta obra facilitar a compreensão dos conceitos fundamentais de Estratégia Empresarial. Nesse sentido, o objetivo deste livro consiste em abrir caminho para a compreensão dos principais conceitos e ferramentas utilizados neste domínio. Combinámos o rigor teórico das abordagens com a exemplificação prática destes conceitos para facilitar a compreensão. A implementação da estratégia, ao contrário de outros textos, mereceu tratamento detalhado. A partir deste ponto usamos o termo estratégia em vez de estratégia empresarial. O texto tem seis capítulos. No primeiro, traçam-se as origens da estratégia. No segundo apresentam-se duas teorias fundamentais que servirão de base aos restantes capítulos. No terceiro capítulo, analisa-se o processo de gestão da estratégia. No quarto capítulo, descreve-se o diagnóstico ou análise estratégica para fundamentar a escolha da estratégia, cujo conteúdo é explicado no capítulo 5. O sexto e último capítulo, aborda a implementação da estratégia.

1.

O que é a Estratégia?

1.1. AS ORIGENS DA ESTRATÉGIA

Reconheceu-se, desde sempre, a necessidade de coordenar as diferentes funções empresariais, tal como foram definidas pela primeira vez por Fayol (1917). A função coordenação era assumida, por este autor, como uma das funções de gestão. Desde os primeiros anos do século XX que, na Universidade de Harvard, se ensinava uma disciplina de Política da Empresa, que procurava justamente integrar as diferentes funções que eram exercidas por diferentes responsáveis. Esta tarefa era normalmente cometida ao diretor geral, que coordenava os diferentes diretores funcionais.

Estes cursos académicos eram lecionados ou por líderes de grandes empresas já reformados, ou pelos professores mais experientes dos departamentos de gestão que, normalmente, já estavam na reta final da sua atividade docente. Estas pessoas eram escolhidas devido à sua grande experiência e conhecimentos consolidados de gestão. Nestes cursos procurava-se descrever as experiências de diretores gerais bem-sucedidos na condução dos negócios das suas empresas e utilizava-se o método do *case study* como ferramenta essencial para a aprendizagem, através da análise e discussão de casos.

No entanto, as empresas iam crescendo, diversificando as suas atividades e a gestão tornava-se mais complexa, sobretudo em empresas do setor automóvel, petróleo, químico e de distribuição. Isto obrigava os gestores a desenvolver métodos próprios para gerirem as suas empresas. A necessidade de pensamento estratégico explícito foi articulada, pela primeira vez, pelos gestores de topo dessas empresas. Alfred Sloan, por exemplo, presidente da *General Motors* entre 1923 e 1946, criou uma estratégia de sucesso baseada nas forças e fraquezas do maior concorrente da sua empresa, a *Ford* (Ghemawat, 1999).

Do ponto de vista teórico, o nascimento da gestão estratégica pode ser atribuído a três trabalhos publicados na década de 60: *Strategy and Structure* de Alfred Chandler Jr. (1962), *Corporate Strategy* de Igor Ansoff (1965) e *Business Policy: Text and Cases* de Learned, Christensen, Andrews e Guth (1965).

Em 1962 Chandler publica a sua obra *Strategy and Structure: Chapters in the History of the American Entreprise,* na qual analisa a evolução das grandes empresas e explora a forma como as suas estruturas administrativas tinham sido adaptadas para sustentar o seu crescimento. Ao descrever a história do crescimento e das alterações administrativas ocorridas na *General Motors*, na *Sears*, na *Standard Oil of New Jersey* (*Exxon*) e na *DuPont*, Chandler mostrou como os gestores dessas empresas descobriram e desenvolveram regras para utilizarem no processo de tomada de decisões de longo prazo relativas à orientação das suas empresas. Como resultado da aplicação dessas regras, tomavam decisões em relação a investimentos e a modificações da estrutura organizacional, com o objetivo de permitir que as estratégias funcionassem.

Ao formular as suas conclusões Chandler entendeu ser conveniente definir os conceitos de estratégia e de estrutura: "A tese segundo a qual diferentes formas de organização resultam de diferentes tipos de crescimento pode ser descrita mais precisamente se o planeamento e a condução desse planeamento forem considerados uma **estratégia**, e se a organização concebida para administrar essas atividades e recursos, uma **estrutura**. A **estratégia** pode ser definida como a determinação das metas e dos objetivos básicos de longo prazo de uma empresa e a adoção de cursos de ação e afetação dos recursos necessários para conseguir estes objetivos" (pp. 15-16).

Posteriormente, Ansoff (1965) sistematizou o conceito em função dos produtos e mercados, dos vetores de crescimento – em que considerou quatro opções: penetração no mercado, desenvolvimento de produtos, desenvolvimento de mercados e diversificação –, das vantagens competitivas e das sinergias. A preocupação fundamental de Ansoff era garantir que a empresa tivesse uma estratégia global coerente, tendo distinguido as decisões em três tipos: estratégicas – que procuravam estabelecer um equilíbrio entre a empresa e a sua envolvente externa -, administrativas e operacionais.

Na mesma altura, na universidade de Harvard, um conjunto de professores de política da empresa liderados por Kenneth Andrews e C. Roland Christensen levantavam questões essenciais para a formulação da estratégia. A estratégia era, de acordo com estes autores, "o conjunto dos objetivos, finalidades, metas, diretrizes fundamentais e os planos para atingir esses objetivos, postulados de forma a definir em que atividades se encontra a empresa, que tipo de empresa é ou deseja ser". Os componentes da estratégia seriam: oportunidades de mercado; capacidade, competências e recursos da empresa; valores e aspirações dos dirigentes; e reconhecimento de obrigações para com outros segmentos além dos acionistas, isto é, responsabilidade social.

Em esquema, de acordo com Andrews (1971), o processo seria o seguinte:

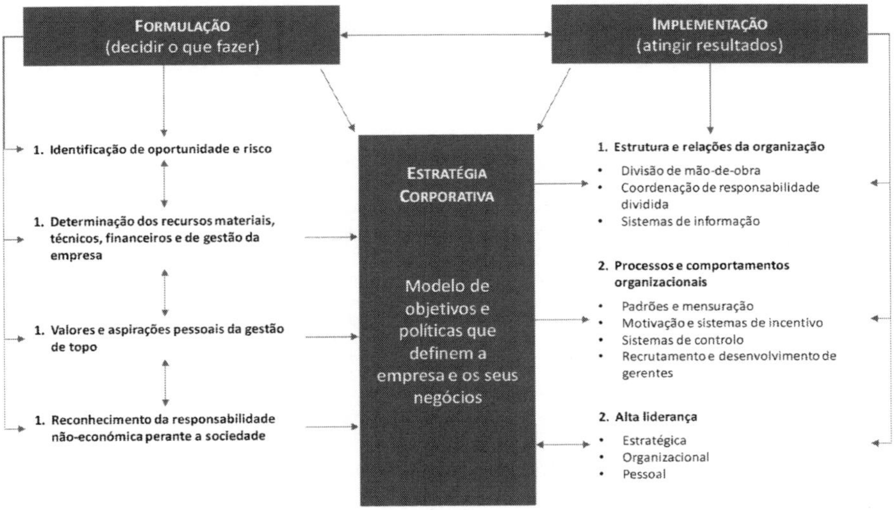

Figura 1. Formulação da Estratégia (Andrews, 1971)

Os anos 70 foram caracterizados pelo desenvolvimento de ferramentas para gerir carteiras de negócios por empresas de consultoria, das quais se destacam as contribuições do *Boston Consulting Group* (*BCG*) e da *McKinsey*. A nível académico, iniciaram-se estudos pioneiros na *Pardue*

University sobre estratégia e desempenho (Hatten e Schendel, 1977) na indústria cervejeira dos Estados Unidos. Pela primeira vez, aplicaram-se métodos estatísticos na investigação em Estratégia, destacando-se a tese de doutoramento de Richard Rumelt (1974) na Universidade de Harvard, na qual são testadas as teses de Chandler sobre a relação entre estratégia e estrutura. Entre as sucessivas teses de doutoramento sobre estratégia que se seguiram, queremos destacar a de M. Porter, que veio consolidar e estabelecer a estratégia como ramo autónomo na gestão de empresas.

A partir dos anos 80, o domínio da estratégia foi muito influenciado pelo trabalho de M. Porter (1979, 1980, 1985), que introduziu conceitos inovadores, tais como a estratégia competitiva. O núcleo da estratégia competitiva corresponde à análise do setor, à análise da concorrência e ao posicionamento estratégico. O autor precisou o conceito de vantagem competitiva, definindo-o em função de custos e diferenciação, e ligou-o à rentabilidade. Para sustentar vantagens competitivas, introduziu o conceito de cadeia de valor.

As empresas, sustenta Porter (1980), "devem ver o seu contexto competitivo com clareza e devem construir e proteger uma posição que possam defender". Para isso, este autor defende que "existem benefícios substanciais através de um processo explícito de formulação da estratégia, assegurando-se que, ao menos, as políticas... sejam coordenadas e visem os mesmos objetivos"[1]. No entanto, não existe "uma metodologia abrangente... para auxiliar as empresas como um todo a prever a sua futura evolução, a compreender a concorrência, a sua própria posição e a traduzir esta análise numa estratégia competitiva"[2]. É justamente para responder a estas insuficiências que Porter escreve esta obra. Neste âmbito, Porter desenvolve e aplica como conceitos centrais o *Modelo das Cinco Forças*, para analisar a atratividade de uma indústria, e as *estratégias genéricas*, para o posicionamento dentro de uma indústria, de forma a obter um retorno acima da média. Refira-se que têm sido realizados inúmeros trabalhos de investigação teórica e experimental sobre as estratégias genéricas e sobre a relevância do setor para explicar diferenças na rentabilidade. O pensamento de Porter dominou claramente a investigação e a prática da estratégia ao longo dos anos 80.

[1] "Competitive Strategy", Free Press, 1980.

[2] Idem ponto anterior.

Finalmente, desenvolveu-se, a partir de meados dos anos 80, uma nova teoria baseada nos recursos e capacidades das empresas (Wernerflet, 1984; Rumelt, 1984 e Barney, 1986), que foi consolidada nos anos 90 (Barney, 1991; Connor, 1991; Peteraf, 1993). Esta teoria procura explicar diferenças na rentabilidade das empresas com base nos fatores internos, isto é, recursos e capacidades. Esta perspetiva da estratégia, de acordo com Barney (2004), domina a investigação atual na área.

Mas, afinal, o que é a estratégia? Numa primeira aproximação, e de uma forma intuitiva e largamente consensual no meio académico, será o caminho de longo prazo que a empresa vai percorrer para atingir os seus objetivos. Numa asserção mais profunda e na esteira de Rumelt et al., (1998) "as empresas, se não mesmo todas as organizações, encontram-se em concorrência – concorrência por fatores de *inputs*, concorrência por clientes e, em última instância, concorrência por receitas que cubram os custos dos meios utilizados para sobreviverem. Mas para sobreviverem, devido à concorrência, as empresas têm de fazer escolhas: a seleção de objetivos; a escolha de produtos e serviços a oferecer; o desenho e configuração das políticas que determinam o modo como a empresa se posiciona para competir nos mercados (e.g., estratégia competitiva); a escolha de um nível apropriado de amplitude e diversidade; e o desenho da estrutura organizacional, dos sistemas administrativos, e das políticas utilizadas para definir e coordenar o trabalho. É uma proposição básica da área da estratégia que estas escolhas têm influência crítica no sucesso ou insucesso da empresa, e que devem ser integradas. É a integração (ou o padrão da sua aplicabilidade) destas escolhas que faz deste conjunto uma estratégia" (pp. 27-28). Existem outras definições de estratégia, que apresentamos no quadro 1, na página seguinte.

É consensual neste domínio de conhecimento que o objetivo da estratégia é perceber como é que algumas empresas conseguem obter, de forma consistente no tempo, resultados mais elevados que os seus concorrentes e conseguem criar valor económico, isto é, obtêm rendimentos ou resultados acima da média, ou seja, resultados supranormais (Teece et al., 1997).

Para que isto aconteça, as empresas procuram ser diferentes e, neste sentido, a estratégia também é a procura de diferenças que possam persistir no tempo (em ambientes mais estáveis), ou que se possam ir alcançando constantemente (em ambientes hipercompetitivos). Estas diferenças podem advir dos mercados que as empresas escolhem ou da dotação de recursos que cada empresa acumula no tempo.

Quadro 1. Definições de Estratégia

Autor	Definição
Chandler, 1962: 15-16	A determinação das metas e dos objetivos básicos de longo prazo de uma empresa e a adoção de cursos de ação e afetação dos recursos necessários para conseguir estes objetivos.
Andrews, 1971	O conjunto dos objetivos, finalidades, metas, diretrizes fundamentais e os planos para atingir esses objetivos, postulados de forma a definir em que atividades se encontra a empresa, que tipo de empresa é ou deseja ser.
Rumelt, Schendel e Teece, 1990	As empresas, se não mesmo todas as organizações, encontram-se em concorrência – concorrência por fatores de inputs, concorrência por clientes e, em última instância, concorrência por receitas que cubram os custos dos meios utilizados para sobreviverem. Mas para sobreviverem, devido à concorrência, as empresas têm de fazer escolhas: a seleção de objetivos; a escolha de produtos e serviços a serem oferecidos; o desenho e configuração das políticas que determinam o modo como a empresa se posiciona para competir nos mercados (e.g., estratégia competitiva); a escolha de um nível apropriado de amplitude e diversidade (estratégia corporativa); e o desenho da estrutura organizacional, dos sistemas administrativos, e das políticas utilizadas para definir e coordenar o trabalho. É uma proposição básica da área da estratégia que estas escolhas têm influência crítica no sucesso ou insucesso da empresa, e que devem ser integradas. É a integração (ou o padrão da sua aplicabilidade) destas escolhas que faz deste conjunto uma estratégia
Porter, 1996: 60	Estratégia competitiva é sobre ser diferente. Significa escolher deliberadamente um conjunto diferente de atividades para oferecer uma proposta única de valor.
Mintzberg, 2007:3	Um padrão num fluxo de decisões
Barney e Hesterly, 2018: 26	Teoria pela qual uma empresa espera ganhar vantagem competitiva.
Johnson, Scholes, Whittington, Angwin e Regnér, 2017: 4	A direção de longo prazo de uma organização
Drucker, 2005: 179	Ação para concretização de resultados

1.2. ESTRATÉGIA: DIREÇÃO OU PLANO?

Peter Drucker defendia que "a única coisa que sabemos sobre o futuro é que será diferente". Neste contexto, é importante as empresas terem capacidade para se adaptarem às novas exigências, devendo ter flexibilidade para descobrir as oportunidades de mercado e desenvolver, adaptar e reconfigurar os seus recursos internos (e eventualmente aceder a novos recursos e capacidades que estão no exterior, cooperando com outros parceiros, por exemplo) para responder às novas oportunidades detetadas. Neste sentido, enquadra-se a estratégia enquanto direção.

Esta dimensão da estratégia trata de explorar novas áreas, desbravando caminhos desconhecidos e gerando possibilidades de obter novas vantagens competitivas, que vão garantir a prosperidade e sustentabilidade das empresas que se envolverem neste processo. Esta opção é complexa porque lida com elevada incerteza e desloca as empresas da sua área de conforto. No entanto, esta exploração e procura de novas vias explica o sucesso de empresas como a Apple, a Google, a Toyota e a Alibaba, entre outros excelentes exemplos. Aqui assume-se que todas as vantagens são temporárias e que o objetivo é conseguir ir desenvolvendo novas capacidades que permitam responder aos novos desafios. O foco é explorar novos caminhos.

Conhecemos empresas que não se adaptaram e fecharam ou reduziram substancialmente a sua rentabilidade e atualmente lutam por sobreviver em múltiplas indústrias agarradas ao passado e às regras dos planos.

Ainda no contexto da estratégia como direção, é importante aplicar o conhecimento que se foi gerando com o lançamento e desenvolvimento de *startups* que criaram opções para gerir a incerteza e gerar ações eficientes (veja-se por exemplo o artigo de Blank 2013 publicado na HBR sobre o assunto).

A estratégia enquanto plano está diretamente ligada ao planeamento estratégico que se desenvolveu desde meados dos anos sessenta do século passado e que desempenhou um papel fundamental na afirmação da estratégia empresarial. Tratava-se então de desenvolver planos gerais e detalhados para facilitar a sua implementação e garantir que se atingiam os objetivos de longo prazo traçados, detalhando todo este processo para o curto prazo. Avaliavam-se as diferentes opções e escolhia-se aquela ou aquelas que melhor se ajustassem à análise efetuada e estivessem mais alinhadas com as expetativas dos gestores e dos acionistas. Concebiam-se e implementavam-se ações, a todos os níveis da empresa, coerentes com os objetivos traçados e que visavam garantir os níveis de resultados definidos. O foco era rentabilizar e capitalizar a base de recursos e capacidade que se tinha desenvolvido.

O plano estratégico era suportado por um conjunto de projeções de longo prazo da empresa, que concretizavam e espelhavam os objetivos e ações a implementar para alcançar desempenhos otimizados. Tratava-se de dar estabilidade e foco a todos para garantir um desempenho de exceção e resultados acima da média de forma consistente no tempo. Podemos, então, afirmar que esta dimensão da estratégia é fundamental para a ação e implementação da estratégia.

Desta análise podemos concluir que estas duas dimensões, direção (pensamento estratégico para gerar novas opções) e plano (planeamento e formalização do processo para gerar implementação), são complementares e que as empresas as devem combinar. Com o conhecimento sobre estratégia gerado pela *startups*, consegue-se agilizar os processos e introduzir dinâmicas de ajustamento rápido para concretizar e melhorar a implementação da estratégia.

1.3. BOA OU MÁ ESTRATÉGIA

Como assinala Rumelt (2011), existe alguma confusão entre boa e má estratégia. Uma boa estratégia é aquela que identifica o principal desafio que a empresa enfrenta e é capaz de conceber uma resposta coerente.

No cerne da estratégia estão três elementos fundamentais: o diagnóstico, escolha e ação coerente (**DEA**).

O **Diagnóstico**, identifica com clareza os desafios chave que a empresa enfrenta.

A **Escolha**, especifica como lidar com os obstáculos identificados no diagnóstico e decidir a direção que a empresa tomará e que direções deve abandonar.

A **Ação Coerente** determina o quadro geral de ações para alcançar a direção desejada, mantendo a empresa focada.

Para ilustrar esta situação, vejamos o que aconteceu à Apple em 1997, após o sucesso do lançamento do sistema operativo Windows em 1995 pela Microsoft. A empresa estava à beira da falência e Steve Jobs, que tinha fundado a empresa em 1976, aceitou regressar. Para fazer face a compromissos urgentes, Jobs convenceu Bill Gates a investir 150 biliões de dólares na Apple para manter a empresa a funcionar, utilizando o argumento de que se a Apple fechasse a Microsoft teria problemas com práticas monopolistas já que o único sistema operativo concorrente era o da Apple.

O encaixe financeiro deu estabilidade à Apple para continuar a funcionar. Depois, passou a olhar para dentro da empresa e verificou que os 14 modelos que existiam tinham custos de desenvolvimento e de *back-office* elevados e eram todos semelhantes. Reduziu a oferta para um modelo com as consequentes vantagens e como percebeu que a Apple não poderia alterar substancialmente a sua importância naquele negócio esperou por uma nova tecnologia. A análise ao contexto permitiu encontrar uma nova oportunidade e o lançamento de um novo produto numa nova área de negócio. Desta avaliação nasceram a *Apple Store* e o *iPod*, que alteraram completamente o negócio da música e permitiram a entrada da Apple num novo negócio.

A exploração e desenvolvimento de novos produtos assentes nas competências e *know-how* acumulados na Apple permitiram o desenvolvimento do *iPhone* e do *iPad* e o reconhecimento pelos mercados da Apple como empresa mais valiosa. Esta descrição permite identificar a presença dos elementos centrais para uma boa estratégia diagnóstico, escolha e ação coerente que fundamentaram o sucesso da Apple.

Pelo contrário **uma má estratégia consiste em estabelecer metas globais e genéricas** tais como liderança global, crescimento e elevado retorno para os acionistas.

A má estratégia caracteriza-se por evitar identificar o problema ou desafio central da empresa, não se fazerem escolhas difíceis empurrando-as para outros, ausência de foco gerando-se objetivos e metas não compatíveis (por exemplo, satisfazer todos os clientes e ter qualidade de topo), traduz-se normalmente numa lista de resultados (e não de ações) e não se apoia nas competências e aprendizagem acumulada na organização.

A má estratégia traduz-se na utilização de conceitos redondos que parecem ser bastante complexos, criando a ilusão de elevados níveis de abstração quando, na realidade são ideias gerais aplicáveis a qualquer empresa e por isso mesmo sem possibilidade de fazerem a diferença que gere melhores desempenhos. Normalmente estas empresas falham na definição e reconhecimento do desafio que enfrentam, confundem metas com estratégia e estabelecem maus objetivos estratégicos.

Por exemplo, o líder da Lehman Brothers pretendia em 2006 continuar a ganhar quota de mercado crescendo mais que a restante indústria. Ora é por se ser ambicioso ou por se definirem metas que existe estratégia? Como se sabe o Banco Lehman Brothers, apesar dos objetivos atrás referidos, faliu na crise do *subprime*.

A boa estratégia, pelo contrário fundamenta-se nas forças da empresa, tirando partido das forças existentes, mas reorganizando ou redirecionando-as numa direção coerente. No foco, concentrando energia e recursos numa direção em detrimento de outras.

Uma boa estratégia exige escolhas, sendo que existirão perdedores na empresa, áreas em que a empresa se irá retirar e reutilizar esses recursos.

A estratégia trata de testar e melhorar as hipóteses (estratégia assenta em hipóteses que é necessário testar e melhorar). Baseia-se no método científico para desenvolver hipóteses, testá-las, interpretar os resultados, ajustar e testar novamente com as necessárias alterações (Deming (1993:135) chamou a este método PDSA: planear, executar, estudar e agir).

A Estratégia deve ajudar a empresa a estabelecer, passo a passo, que **ações implementar** e as **metas a atingir**.

A estratégia deve fazer **uma grande diferença** e **deverá responder a um fator limitativo relevante** do negócio.

Por fim, uma boa estratégia é muitas vezes simples, mas exige um forte investimento em dedicação e tempo.

2.

Principais teorias da estratégia

Neste capítulo, abordamos as duas principais correntes da estratégia, explicando cada uma delas e como permitem obter vantagens competitivas. A primeira parte da análise do ambiente externo (modelo I/O), enquanto que a segunda parte do estudo do interior da empresa (RBV). Como assinala Wernerfelt (1984), estas perspetivas não são antagónicas, mas sim complementares, i.e. duas faces da mesma moeda.

2.1. MODELO I/O

Dos anos 60 até aos anos 80, o ambiente externo era considerado o principal determinante das estratégias a serem selecionadas pela empresa. O modelo de organização industrial (I/O) explica a influência dominante do ambiente externo sobre as ações estratégicas. O modelo especifica que o setor no qual uma empresa decide atuar exerce maior influência no seu desempenho do que as decisões tomadas internamente pelos seus gestores. Considera-se que esse desempenho é determinado por um conjunto de características do setor, tais como economias de escala, barreiras à entrada no mercado, diversificação, diferenciação de produto e grau de concentração de empresas nesse setor.

Baseando-se na economia industrial e na escola de Harvard, particularmente nos trabalhos pioneiros de Mason, Bain e Chandler, o modelo I/O parte dos seguintes pressupostos:

- que o ambiente externo impõe pressões e limitações que determinam as estratégias capazes de gerar retornos superiores à média;
- que quase todas as empresas que atuam num determinado setor, ou num segmento deste, controlam recursos semelhantes e estrategicamente pertinentes, adotando estratégias semelhantes;

- que os recursos empregues na implementação de estratégias são altamente móveis de empresa para empresa (desta forma, eventuais diferenças nos recursos que se possam desenvolver entre empresas serão rapidamente eliminadas);
- que os gestores que detêm o poder de decisão organizacional são racionais e têm o compromisso de atuar nos melhores interesses da empresa, como demonstra o seu comportamento de maximização de lucros.

Seguindo esta lógica, a principal decisão dos gestores consiste em escolher o setor (ou indústria) mais atraente para atuar. Pelo facto de se supor que muitas empresas possuam recursos estratégicos semelhantes e que se podem mudar rapidamente de acordo com as suas necessidades, a rentabilidade irá aumentar se a empresa encontrar um setor atrativo (e.g., que proporcione elevados retornos) e souber utilizar os seus recursos na implementação das estratégias exigidas pelas características estruturais desse setor. O modelo das cinco forças de Porter é uma ferramenta analítica que pode ser usada nessa tarefa. Para uma empresa obter retornos acima da média no seu setor, deve seguir uma das estratégias genéricas sugeridas por Porter (1980): liderança de custos, diferenciação ou focalização.

Como mostra a Figura 2, este modelo sustenta que é possível auferir retornos superiores à média quando a empresa implementa uma estratégia ditada pelas características do ambiente geral, da indústria e da concorrência. A probabilidade de êxito é maior para as empresas que conseguem desenvolver ou adquirir as competências internas necessárias à implementação das estratégias ditadas pelo ambiente externo. Assim, retornos superiores à média resultam de características externas e não de recursos e capacidades únicos da empresa.

Estas conclusões são apoiadas por investigações recentes, que demonstraram que cerca de 20% da rentabilidade das empresas é determinada pelo setor em que atuam. Não obstante, esta investigação também demonstrou que 36% da variação na rentabilidade pode ser atribuída às características e ações dessa empresa. Os resultados das pesquisas sugerem que tanto o ambiente como as características da empresa desempenham um papel importante na determinação do nível específico de sua rentabilidade. Consequentemente, é provável que exista uma relação recíproca entre o ambiente e a estratégia da empresa e que essa relação afete o seu desempenho.

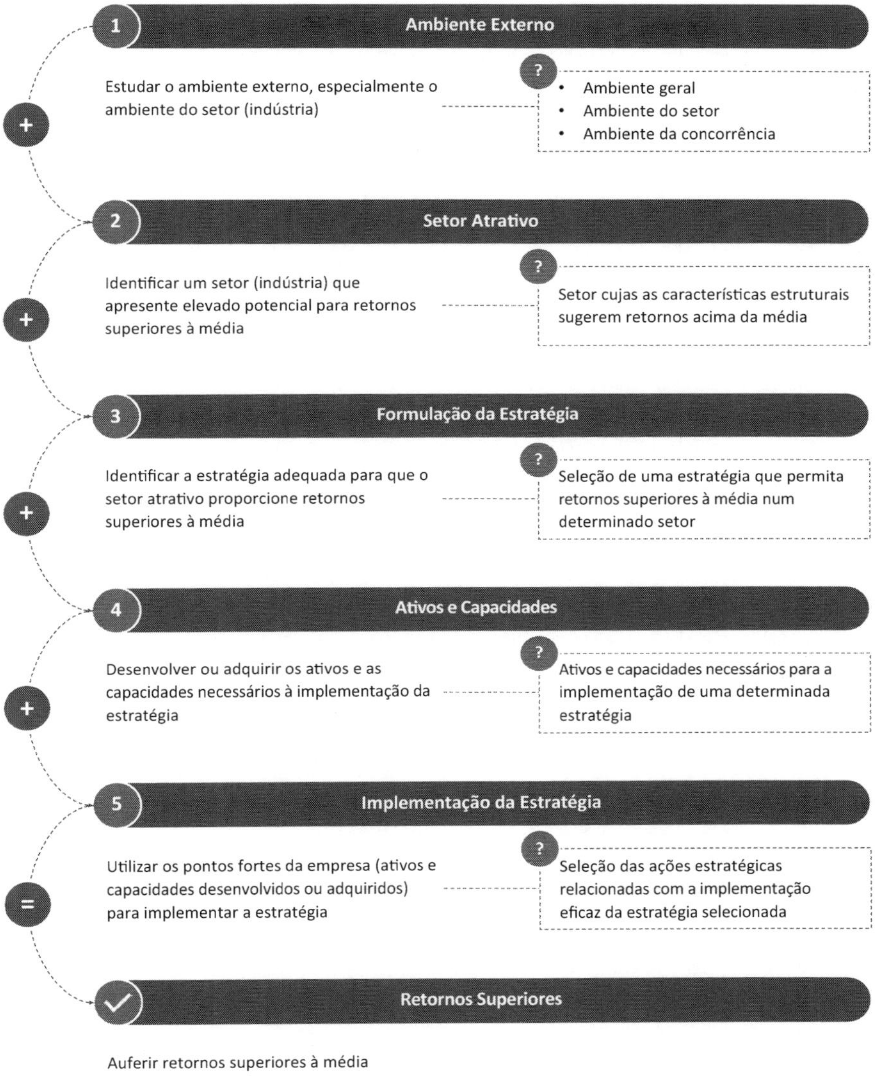

Figura 2. Modelo I/O de Retornos Superiores.
(adaptado de Hitt et al.,2009)

Segundo essas investigações, para que uma empresa tenha sucesso no cenário competitivo do século XXI, é essencial que constitua um conjunto único de recursos e capacidades. Esta tarefa deverá ser executada de acordo com a estrutura da dinâmica do setor (ou setores) de atuação da empresa. Nesse contexto, a empresa é vista como um conjunto de atividades de mercado e de recursos. As atividades de mercado serão definidas mediante a aplicação do modelo I/O. O desenvolvimento e o uso eficaz dos recursos, capacidades e competências, são definidos através da aplicação do modelo baseado em recursos. Usando uma combinação eficaz dos resultados adquiridos pelo uso do modelo I/O e do modelo baseado em recursos, a empresa poderá ampliar dramaticamente a probabilidade de alcançar vantagem competitiva sustentável e de auferir retornos superiores à média em longos períodos temporais.

2.2. MODELO DOS RECURSOS E CAPACIDADES (RBV)

Nos anos 90, a investigação para explicar a persistência de resultados elevados deslocou-se da análise do poder de mercado para o estudo dos recursos e características idiossincráticas das empresas e, em particular, para a identificação dos ativos que sustentam desempenhos superiores (Hoskisson et al. 1999). Esta teoria, denominada Teoria de Recursos e Capacidades, (em inglês, *Resource-based View*, RBV) vê a empresa como uma coleção única de recursos produtivos e administrativos. Consequentemente, cada empresa tem condições particulares, que se mantêm e que são consolidadas ao longo do tempo. Esta teoria assenta em dois pressupostos:

- Pode existir heterogeneidade entre empresas em relação aos recursos e capacidades que servem de base às suas estratégias;
- Os recursos e capacidades podem não ser perfeitamente móveis entre os participantes na indústria, isto é, admite-se que existam barreiras à movimentação de recursos (Lioukas, 2001, Vicente, 2000).

Desta forma, as diferenças de desempenho entre empresas são explicadas pela diferença de recursos e capacidades, de origem interna entre empresas, e não pelas características estruturais do setor. Ao longo do tempo, as empresas são capazes de adquirir ou desenvolver um conjunto de recursos e capacidades de características únicas. Por sua vez, os produtos e serviços oferecidos no mercado são condicionados pelas características dos recursos e capacidades da empresa, que determinam o carácter único da oferta da empresa na resposta às necessidades e desejos dos clientes.

Os **recursos** são os *inputs* do processo de produção da empresa, como equipamentos importantes, habilidades individuais dos funcionários, patentes, finanças e gestores de talento. De forma geral, os recursos podem ser classificados em três categorias: físicos, humanos e capital organizacional. Os recursos podem ser de natureza tangível ou intangível. Aumentando-se a eficácia, o conjunto de recursos disponível para a empresa tende a ampliar-se.

Não é muito provável que os recursos individuais *per si* consigam gerar uma vantagem competitiva. Por exemplo, um equipamento de fabricação sofisticado apenas poderá tornar-se um recurso estrategicamente pertinente quando a sua utilização for integrada com eficácia noutros aspetos das operações da empresa (e.g. marketing e o trabalho dos empregados). De um modo geral, as vantagens competitivas são constituídas pela combinação e integração dos conjuntos de recursos.

Por outro lado, a **capacidade** é a condição que um conjunto de recursos possui de desempenhar uma tarefa ou atividade de forma integrada. Por meio do uso continuado, as capacidades ficam fortalecidas e, consequentemente, tornam-se mais difíceis de serem compreendidas e imitadas pela concorrência. No entanto, nem todos os recursos e capacidades de uma empresa têm potencial para servir de base para uma vantagem competitiva. Esse potencial será realizado se os recursos e capacidades forem valiosos, raros, dispendiosos de imitar e insubstituíveis, e se a empresa estiver organizada para os explorar (Modelo VRIO[1] de Barney, 1995).

Esses recursos são considerados:

- **Valiosos**, quando permitem à empresa beneficiar das oportunidades ou neutralizar as ameaças no seu ambiente externo;
- **Raros**, quando não for possível no curto prazo aumentar a sua oferta, ou seja, a oferta atual é limitada;
- **De imitação dispendiosa**, quando outras empresas não conseguem obtê-los ou necessitam de suportar custos elevados para os obter, em comparação com uma outra que já os possui e quando não possam ser substituídos por outros que possam desempenhar a mesma função;
- **Organização**, isto é, a estrutura e os mecanismos de controlo de uma empresa devem estar alinhados para incentivar as pessoas a explorarem os recursos que sejam Valiosos, Raros e de Imitação Dispendiosa.

[1] Pode usar o modelo disponível em http://empreenderleiria.pt/pt/material-apoio-single/ferramentas-e-metodologias-vrio-34.

Pela sua importância e especificidade vamos desenvolver a questão da imitação dispendiosa. Esta depende, desde logo, de quatro fatores: **complexidade social, ambiguidade causal, condições históricas únicas** e **patentes** (Barney e Hesterly, 2015).

A **complexidade social** refere-se à característica que um recurso ou capacidade tem devido às ligações internas e externas que vão dificultar a sua imitação por envolverem relacionamentos interpessoais. Podem estar ligados a atividades e processos internos que em conjunto criam valor para o cliente e que foram sendo desenvolvidos e melhorados ao longo do tempo. Podem também estar ligados a atividades desenvolvidas em parceria com clientes, fornecedores ou outros parceiros, que se foram construindo em iterações sucessivas entre os diversos participantes.

A **ambiguidade causal**, que se refere à dificuldade em compreender e identificar a combinação e articulação de recursos e capacidades (ou seja, os concorrentes não compreendem e não conseguem imitar), pode ter duas origens: características e ligações da ambiguidade. A primeira situação verifica-se quando as características são em si difíceis de discernir ou compreender devido, por exemplo, a se basearem no conhecimento tácito (que se aprende com a prática) ou quando estão ancorados na cultura da empresa (só tem sentido no contexto dessa empresa). A segunda verifica-se quando os concorrentes não conseguem distinguir a dependência/interdependência entre atividades ou processos que criam as diferenças.

As **condições históricas únicas** permitem a empresas acederem ou desenvolverem em condições favoráveis os seus recursos e capacidades em condições muito vantajosas. Concorrentes que pretendam fazê-lo mais tarde podem ter de suportar custos muito elevados e, por isso, enfrentam desvantagem de custos significativos quando se verifiquem efeitos de dependência de caminhos – *path dependency* (i.e., quando eventos iniciais na sua evolução têm impacto significativo sobre eventos subsequentes). Quando não é claro se um recurso vai ter valor no futuro as empresas que adquirem e desenvolverem esse recurso ou capacidades podem ter importante vantagem no futuro.

Finalmente, as **patentes** podem limitar e restringir a imitação por um determinado período, mas, a prazo, podem aumentar as possibilidades de substituição através de uma tecnologia equivalente.

Em ambientes dinâmicos, que são aqueles que enfrentamos na prática, não é suficiente ter uma base de recursos e capacidades construída ao longo do tempo. Agora é necessário ajustar as nossas capacidades às exigências dos mercados em mudança. Teece (2007) introduziu o conceito de capacidades dinâmicas para salientar a capacidade das empresas e organizações renovarem e recriarem os seus recursos e capacidades em resposta às mudanças no contexto competitivo.

Capacidades dinâmicas são os meios pelos quais uma organização tem a capacidade de renovar e recriar as suas capacidades estratégicas para responder às necessidades de mercado em ambientes em mudança. Essas capacidades são distintas das capacidades normais que podem ser necessárias para operar eficientemente agora, mas isso pode não ser suficiente para sustentar um desempenho superior no futuro. Para isso é necessário mudar os recursos e capacidades para que se possa manter vantagens competitivas.

Teece (2007) considera que existem três tipos de capacidade dinâmicas que se aplicam em diferentes momentos:

- **Capacidades de deteção** – avaliando e explorando constantemente novas oportunidades em mercados e tecnologias, ligadas à análise estratégica;
- **Capacidade de compreensão** – responder a oportunidades através de novos produtos, processos e atividades, ligada à escolha da estratégia;
- **Capacidade de reconfiguração** – novos produtos e processos podem exigir renovação e reconfiguração de capacidades e investimento em novas tecnologias, ligada à execução da estratégia.

Finalmente, na linha do que defendem Teece e Barney, as capacidades dinâmicas fundamentam-se a nível micro (*micro-foudation*) no comportamento das pessoas nas empresas, em particular na forma como se tomam decisões, nos relacionamentos pessoais e nas habilidades de empreendedorismo e intuição.

Em síntese, trata-se de tirar partido da base de recursos que se criou ao longo do tempo (*exploitation*) e construir de forma dinâmica os recursos e capacidades que permitam sustentar vantagens competitivas no futuro explorando, desenvolvendo e recriando a base de recursos e capacidades (*exploration*).

Os recursos e capacidades que têm estas características vão servir de base quer à formulação da estratégia, quer à sua implementação, denominando-se por isso recursos ou capacidades centrais.

Exemplos de competências centrais são: marketing, gestão (capacidade de organizar e administrar com eficácia operações complexas e variadas; e a capacidade de criar e comunicar uma visão estratégica), produto (capacidade de desenvolver novos produtos inovadores e de trabalhar de novo os já existentes para satisfazer às preferências do consumidor, em constante fase de mudança), ou a capacidade para gerar competências dinâmicas (que

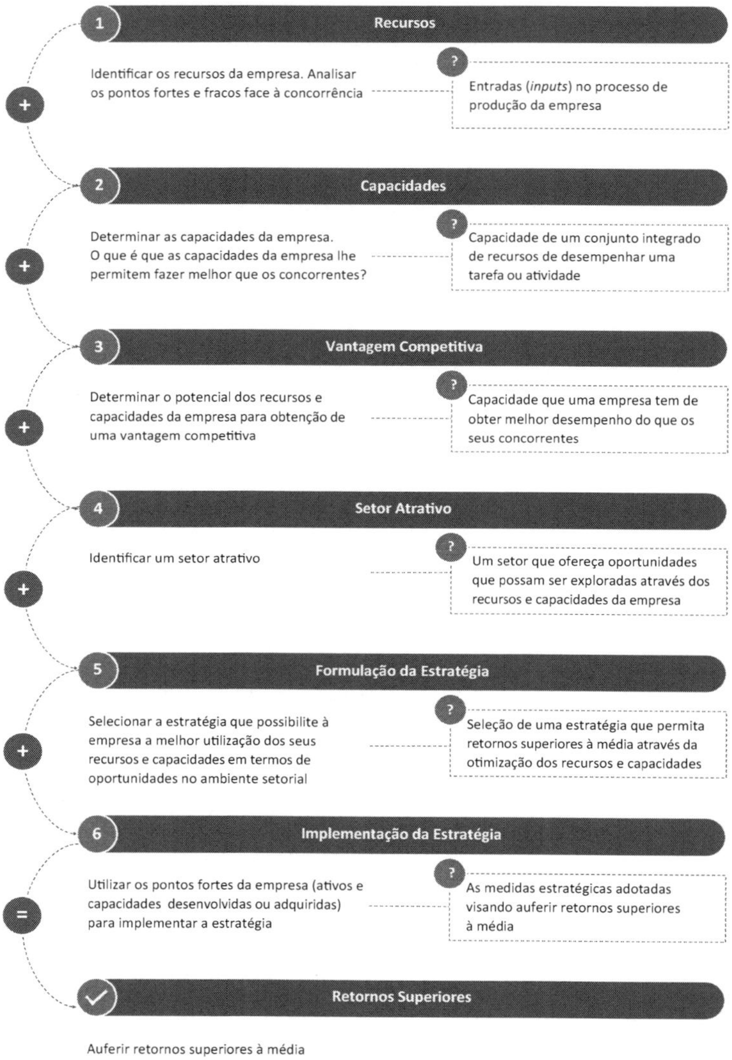

Figura 3. Modelo de Retornos Superiores baseado nos Recursos e Capacidades (adaptado de Hitt, et al., 2009)

são especialmente importantes em ambientes sujeitos a mudanças rápidas, como é o caso dos setores de alta tecnologia).

O modelo de recursos e capacidades (Figura 3), pressupõe que o ambiente interno da empresa, em termos dos seus recursos e capacidades, é um fator mais crítico na determinação das medidas estratégicas do que o ambiente externo. A estratégia selecionada deverá permitir que a empresa faça o melhor uso de suas competências centrais em relação às oportunidades do ambiente externo.

Para se iniciar o processo de definição da estratégia começa-se por avaliar as oportunidades do contexto externo, em especial do mercado, e os recursos e capacidades que a empresa possui, que vão sustentar as ofertas. É do equilíbrio entre estas dimensões, tendo presente a Visão os valores e a cultura da empresa, que se escolhe a estratégia a seguir e se definem as ações que a concretizam.

Collis e Rukstad (2008) criaram o conceito *Sweet Spot* estratégico para auxiliar na escolha das ofertas no mercado face à concorrência e às necessidades dos clientes, tendo em conta o contexto geral (tecnologia, demografia, regulação, economia, ambiental, político, etc.) e a indústria onde se compete.

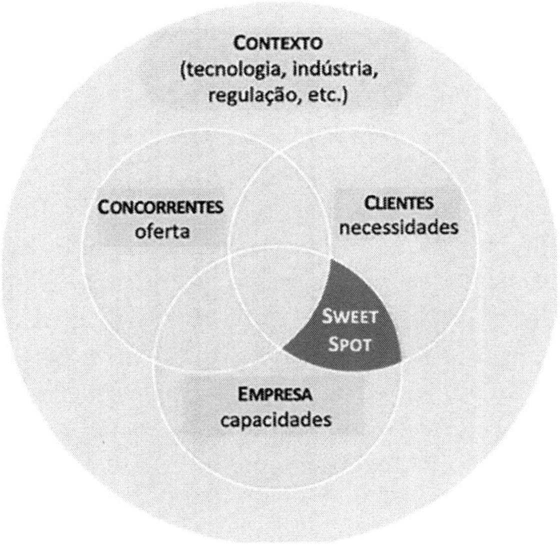

Figura 4. Sweet Spot (Collis and Rukstad, 2008)

Sweet Spot estratégico é o espaço onde a empresa satisfaz as necessidades de clientes e os concorrentes são incapazes de o fazer devido à diferença nas capacidades entre empresas. É, portanto, uma posição única que os concorrentes não conseguem alcançar.

Trata-se então de explorar as capacidades únicas da empresa que lhe permitem satisfazer necessidades específicas de clientes em atributos relevantes, seja na excelente relação preço e conveniência (excelência operacional), no ajustar produtos e serviço ao cliente (intimidade com o cliente) ou na oferta de produtos e serviços inovadores (liderança pelo produto).

Como as necessidades dos clientes vão mudando é necessário a empresa ir descobrindo e criando sucessivos *Sweet Spots* que a diferenciem e que criem mais valor para os clientes, para a empresa e para outras partes interessadas.

2.3. CASO PRÁTICO – IVM

IVM é uma pequena empresa da zona centro, com apenas 32 trabalhadores, que se dedica à produção de equipamentos para a indústria vidreira. A empresa foi fundada em 1984 por três ex-trabalhadores de uma grande empresa fabricante de equipamentos para indústria vidreira nacional que atravessava uma grave crise. A estes três sócios, um engenheiro de produção e dois trabalhadores muito especializados, juntou-se um novo sócio, outro engenheiro com experiência técnico-comercial. A empresa foi crescendo gradualmente aproveitando as oportunidades de mercado nacional, que, entretanto, tinha devido a preços muito competitivos que resultavam da estrutura ligeira da empresa. Os conhecimentos e relações anteriores com uma empresa belga COBC, que dominava a tecnologia de equipamentos para a indústria vidreira e que tinha uma quota importante nos mercados internacionais, permitiu à empresa começar a exportar por conta desta empresa. A COBC aproveitava os custos baixos da IVM, que ia assimilando e acedendo à tecnologia. No entanto, houve desde o início a preocupação da empresa se especializar numa gama estreita de produtos, especializando-se em fornos de têmpera e recozimento e equipamentos de transporte das peças após realização das operações anteriores.

Uma situação de crise surgida com a COBC em 1988 quase levou a IVM à falência, mas, a expansão do mercado nacional e sobretudo a diminuição da oferta destes produtos devido à falência da maior parte dos fabricantes destes equipamentos permitiu a recuperação.

No início dos anos noventa a empresa está muito consolidada no mercado nacional sendo uma empresa de referência e começa a internacionalizar-se de forma mais direta uma vez que já dominava as tecnologias e assistia-se a um aumento da procura destes equipamentos. Para melhorar a sua capacidade de gestão a IVM estabelece uma parceria, que ainda hoje se mantém, com uma empresa especialista em gestão e toma então uma decisão importante especializa-se só na produção de fornos parar têmpera e recozimento de vidro e cria uma nova empresa a ITTP que se vai especializar nos equipamentos de transporte e paletização.

Para reforçar os seus quadros a empresa admite pessoal com formação superior para a função financeira e começa a integrar engenheiros para a produção, projeto e assistência técnica de forma gradual. Mas é sobretudo na área de projeto e qualidade que se centram os investimentos em toda a década de noventa e em 1997 a empresa é certificada ao abrigo das normas ISO. Com a certificação a empresa reorganiza-se e formaliza um conjunto de rotinas que garantem um funcionamento mais profissional em todas as áreas da empresa (desde a administrativa e financeira, produção e comercial).

Para manter uma dimensão reduzida, para ter custos fixos reduzidos, a empresa estabeleceu acordos de subcontratação com outras empresas da zona, concentrando-se a empresa no projeto e montagem dos equipamentos.

A empresa começa então a apostar na sua reputação comercial nos mercados internacionais participando nas principais feiras da especialidade, fazendo publicidade de forma contínua nas principais revistas da especialidade e começando a publicar artigos nestas revistas sobre as inovações que introduz nos seus equipamentos.

As vendas e os resultados da empresa foram crescendo de forma sustentada e a empresa começou no início de 2002 a fazer parte de consórcios internacionais em parceria com empresas alemãs de topo para fornecer soluções integradas para empresas de vidro oferecendo assim todo o tipo de equipamentos necessário a qualquer empresa, aproveitando a especialização de cada um dos parceiros.

Atualmente a IVM é uma empresa de classe mundial reconhecida pelo mercado como especialista em fornos de têmpera e recozimento para a indústria de vidro. Dos 32 trabalhadores que a empresa tem 14 possuem formação superior (12 engenheiros).

Como resultado desta orientação a empresa tem resultados líquidos superiores a 10% das vendas há mais de 15 anos.

Esta empresa tem um volume de faturação de cerca de 8.000.000 de euros e resultados líquidos de cerca de 800.000 de euros, o seu Passivo é de cerca de 800.000 euros, e o seu ativo ronda os 4.000.000 de euros, dos quais 1.500.000 são aplicações financeiras de curto prazo.

Espera-se que a procura nos próximos anos de equipamentos possa diminuir devidos à incerteza sobre a evolução da conjuntura internacional e ao facto do sector de vidro já estar na fase de maturidade.

Resta referir que a ITTP seguiu uma orientação semelhante e a sua situação é idêntica à da IVM.

Questões para análise:

1. Identifique e explique a estratégia seguida pela IVM.
2. Quais são os fatores críticos de sucesso desta empresa.
3. Pode-se dizer que a IVM tem vantagens competitivas sustentáveis na ótica da teoria de recurso e capacidades?

3.

O processo da gestão estratégica

Este capítulo começa com a descrição das 5 tarefas da estratégia, isto é, as diferentes fases do processo da gestão estratégica em que cada uma é simultaneamente peça importante *per si* e complementa todas as outras tarefas. Em seguida abordam-se os diferentes níveis da estratégia.

3.1. AS 5 TAREFAS DA ESTRATÉGIA

O processo de gestão estratégica é a forma como os estrategas ou gestores de topo das organizações determinam os objetivos das suas empresas, escolhem as estratégias para os atingir, as implementam e as controlam, de forma a garantir que alcançam as metas a que se propõem. Este processo pode ser descrito em conformidade com o esquema seguinte (Thompson e Strickland, 1998), em cinco tarefas:

A primeira tarefa é **desenvolver a Missão e Visão Estratégica**, o que significa que o primeiro passo da gestão estratégica consiste em pensar

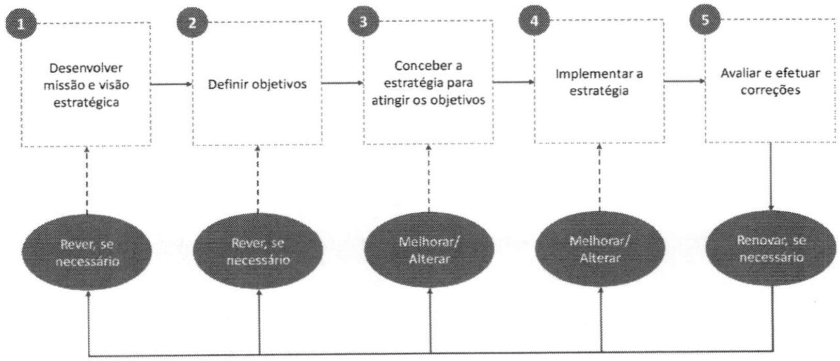

Figura 5. As 5 tarefas da estratégia

estrategicamente sobre a imagem da empresa no futuro e para onde esta irá ser conduzida. Esta tarefa corresponde à criação do caminho para o futuro da empresa, à decisão relativamente à posição a atingir e aos recursos e capacidades que se devem planear e desenvolver, com vista a dar uma forte identidade à empresa.

A Missão foca-se nas atividades de negócio atuais, ou seja, nas necessidades de clientes servidas atualmente. Por outro lado, a Visão Estratégica refere-se a caminhos futuros dos negócios, ao tipo de empresa a ser no futuro, às necessidades de clientes a servir no futuro e aos recursos e capacidades a desenvolver.

Missão	Visão Estratégica
A declaração de **missão** focaliza as atividades de negócio **atuais**	A **visão estratégica** refere-se aos caminhos **futuros** da empresa
• Negócios em que a empresa atua	• Tipo de empresa a ser no futuro
• Necessidades de clientes servidas atualmente	• Necessidades de clientes a servir no futuro

Figura 6. Missão vs. Visão Estratégica

De seguida, apresentam-se exemplos de Missão e Visão:

- No caso da **McDonald's,** a visão é dominar a indústria global de restauração. Isto significa estabelecer os *standards* de *performance* para a satisfação dos clientes, enquanto se aumenta a quota de mercado e rentabilidade através da Estratégia de Conveniência, Valor e Execução;
- Para os **Elevadores Otis**, a sua missão é fornecer, a qualquer cliente, meios para movimentar pessoas e bens em distâncias curtas, com mais credibilidade que qualquer outra empresa no mundo.

A segunda tarefa é **Estabelecer Objetivos**. Esta tarefa traduz-se em converter a visão em metas específicas de *performance*, isto é, em algo que permita acompanhar a *performance* e progresso da empresa. Desta forma, criam-se métricas para acompanhar a *performance* e para focar a empresa naquilo que é essencial. O processo de estabelecimento de objetivos deve definir metas equilibradas para toda a empresa: financeiras, de clientes,

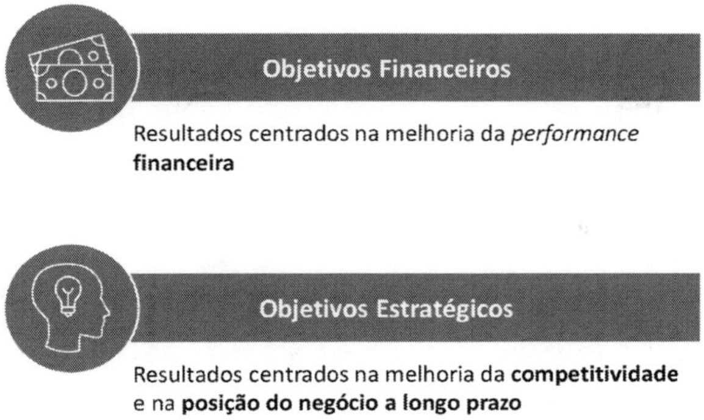

Figura 7. Tipos de objetivos

de processos internos, de aprendizagem e de desenvolvimento. Tal como sugerem Kaplan e Norton (1992, 1996, 2000), existem objetivos relacionados com a *performance* financeira (de curto prazo) e objetivos centrados na melhoria da competitividade e na posição do negócio a longo prazo (Thompson e Strickland, 1998).

A terceira tarefa do processo de gestão da estratégia é **Conceber uma Estratégia** que se traduza num conjunto de ações e perspetivas de negócio que os gestores aplicam para alcançar as metas de *performances* pretendidas.

Normalmente, estas ações e decisões estão relacionadas com a decisão de diversificação ou concentração num negócio, com a forma de crescimento produto-mercado escolhida (penetração, desenvolvimento de produto, desenvolvimento de mercado ou diversificação), com a escolha da estratégia competitiva para cada negócio (liderança em custos, diferenciação ou focalização num segmento de mercado) e com o método selecionado para desenvolver a estratégia (desenvolvimento orgânico, fusões, aquisições e alianças).

As decisões estratégicas podem resultar de um processo de planeamento (decisões planeadas), ou podem ser reativas a alterações inesperadas no contexto externo (e que se apoiam em experiências anteriores dos gestores).

Se quisermos perceber a estratégia de uma empresa, devemos procurar as seguintes decisões e ações, apresentadas na figura 8 *Compreender a Estratégia Empresarial.*

Figura 8. Compreender a estratégia empresarial – o que procurar

A elaboração de uma análise estratégica é detalhada no próximo capítulo.

A quarta tarefa do processo de gestão da estratégia é a **Implementação**, que se traduz, de forma elementar, num conjunto de atividades voltadas para ação e que visam:

- desenvolver capacidades;
- conceber uma estrutura organizacional adequada;
- construir o plano estratégico;
- desenvolver políticas e orçamentos de suporte;
- envolver e motivar os principais intervenientes (alinhando os sistemas de incentivos com as metas estratégicas);
- conceber sistemas e informação adequados;
- construir uma cultura organizacional que facilite a implementação e melhoria contínua;
- liderar todo o processo através do envolvimento e participação da gestão de topo.

Finalmente a quinta tarefa é a **Avaliação da Performance**, que pretende garantir que os objetivos são atingidos e que, se aplicável, se procede aos ajustamentos necessários.

3.2. NÍVEIS DE ESTRATÉGIA

Numa organização, é possível distinguir pelo menos 3 níveis distintos de estratégia organizacional: a estratégia corporativa, a estratégia competitiva e a estratégia funcional.

A **estratégia corporativa** refere-se ao objetivo e âmbito geral da organização de responder às expectativas dos detentores do capital e dos *stakeholders*, bem como à forma de acrescentar valor aos diversos componentes (negócios individuais) da empresa. Trata-se de conceber uma estratégia global para todos os negócios que estão na empresa diversificada, para que se crie valor.

Um tópico importante na estratégia corporativa é a dimensão da organização em termos de tipos de negócio e o nível de cobertura geográfica, isto é, decisões sobre o âmbito da diversificação e de internacionalização da empresa. Adicionalmente, as decisões de distribuição de recursos pelas várias sucursais de uma empresa são tomadas ao nível corporativo. Consequentemente, o nível corporativo deve considerar de que forma pode acrescentar valor aos diversos negócios do grupo. Pode considerar-se que isso se faz com a prestação de serviços por parte do núcleo e com a delineação de uma estratégia coerente para todo o mundo. A estratégia de nível corporativo também deverá considerar as expectativas dos detentores do capital.

Em empresas cotadas em bolsa, a estratégia corporativa é fortemente influenciada pelas expectativas dos acionistas e dos mercados de capitais. Uma estratégia corporativa clara é importante, uma vez que é a base para outras decisões estratégicas. Este nível de estratégia pode resultar numa declaração de missão, implícita ou explícita, que reflete essas expectativas.

O segundo nível da estratégia, a **estratégia competitiva**, pode ser estruturada em termos da unidade estratégica de negócio. Neste nível, a estratégia define-se como a forma de competir com sucesso num dado mercado. Assim, este nível da estratégia preocupa-se com a forma de alcançar uma vantagem sobre os concorrentes, com novas oportunidades que possam ser identificadas ou criadas no mercado, que produtos e serviços devem ser oferecidos em cada mercado, e de que forma estes satisfazem as necessidades dos consumidores para permitir alcançar os objetivos da organização (nomeadamente rentabilidade a longo prazo, crescimento do mercado ou parâmetros de eficiência). Isto significa que, enquanto a estratégia corporativa envolve decisões acerca da organização como um todo, a este nível, as decisões estratégicas referem-se à unidade estratégica de negócio (UEN). Uma UEN é uma parte da organização para a qual existe um mercado externo para bens e serviços distinto (de outras UENs). Assim, é importante haver uma perceção clara das necessidades dos clientes e de quem são os concorrentes de cada UEN. Aqui pode surgir alguma confusão, porque uma UEN pode não estar necessariamente definida na estrutura organizacional.

O terceiro nível da estratégia é o nível operacional (**estratégia funcional**). Neste âmbito, encontramos estratégias operacionais que estão relacionadas com a forma como as várias componentes da organização - recursos, processos, pessoas e as suas competências - colocam em prática as estratégias de nível corporativo e de negócio.

De facto, na maioria das organizações, as estratégias de sucesso dependem, em larga medida, de decisões que são tomadas e das atividades que decorrem ao nível operacional. A integração das decisões operacionais e da estratégia é, portanto, de grande importância.

4.

A análise estratégica

A análise estratégica fundamenta a escolha da estratégia que visa atingir os objetivos decorrentes da missão e da visão. Como vimos atrás, no capítulo 2, existem autores que defendem que uma *performance* superior advém dos recursos e capacidades. Outros, no entanto, defendem o contrário, isto é, defendem que as empresas devem começar por estudar o contexto em que as empresas operam. Temos, então, duas visões complementares que explicam como se obtém o sucesso, que é o objetivo da estratégia. Desta forma, para se formular a estratégia de uma empresa, é necessário não só proceder a uma análise interna (de forma a detetar as forças e fraquezas da empresa e as suas possibilidades de atuação), mas também é indispensável proceder a uma análise externa (para identificar as oportunidades e ameaças relativas à empresa).

4.1. ANÁLISE INTERNA: RECURSOS E CAPACIDADES E CADEIA DE VALOR

Na análise interna identificam-se os recursos e capacidades de uma empresa que permitem sustentar estratégias eficazes. Os **recursos e capacidades** determinam as atividades e estas agrupam-se em processos internos, que geram valor para os clientes e margem para a empresa. A **cadeia de valor**, que agrupa as diferentes atividades da empresa e os respetivos processos, é um instrumento importante para compreender como os recursos e capacidades, que suportam as atividades e processos, são utilizados.

Conforme previamente explicado, os recursos e capacidades, de acordo com a Teoria de Recursos e Capacidades, são um elemento central para explicar diferenças de *performance* entre as empresas. Neste sentido, a atenção e ação dos empresários e quadros superiores no desenvolvimento da estratégia centra-se na **alavancagem dos recursos**, isto é, na identificação de recursos únicos e no desenvolvimento de capacidades centrais. Esta alavancagem permite originar heterogeneidade entre empresas e escolher os mercados onde se possam aplicar, com sucesso, as capacidades centrais e, consequentemente, obter um desempenho superior.

Em 1985, Porter desenvolveu o conceito de **cadeia de valor** para ajudar a perceber como é que os recursos e capacidades estão a ser utilizados nas atividades realizadas em qualquer empresa. Desta análise, é possível identificar os **pontos de força** (atividades ou processos que a empresa **executa melhor** que a concorrência) e de **fraqueza** (atividades ou processos que a empresa **executa pior** que a concorrência) da empresa.

A cadeia de valor é um método útil para relacionar os recursos com os objetivos estratégicos, para os quais esses recursos devem ser canalizados. Estes recursos são a chave para compreender a capacidade estratégica, já que exigem uma análise profunda e detalhada da forma como os recursos estão a ser utilizados, controlados e ligados. Normalmente, as razões para um bom ou mau desempenho encontram-se mais aqui do que nos recursos *per si*.

O estudo da capacidade estratégica pode degenerar facilmente numa listagem de recursos e dar origem a uma falha na identificação dos aspetos determinantes em termos estratégicos. Um dos atributos ou potencialidades da **Cadeia de Valor**, metodologia fundamental para a seleção estratégica e para o planeamento dos recursos aquando da implementação estratégica, é evitar esta falha.

Em última instância, a capacidade estratégica de uma organização é definida e julgada pelos clientes finais ou utilizadores. Ser-lhe-á atribuído mais valor de acordo com as várias funções (projeto, produção, marketing, distribuição, etc.). A análise considera:

- **Valor**, um conceito que se estabelece através da análise que os clientes fazem do produto/serviço face à concorrência. Neste âmbito, é fundamental analisar como é que as diferenças face à concorrência são conseguidas ao longo do percurso na cadeia de valor;
- Parte das atividades são desenvolvidas fora da organização (fornecedores, cadeias dos clientes, etc.) sendo essencial considerá-las, numa **visão alargada do circuito da cadeia de valor**;
- As **ligações (internas e externas)** são fundamentais, sendo, muitas vezes, a chave da vantagem.

A situação de **vantagem concorrencial** não pode ser devidamente apreendida encarando a empresa na sua globalidade.

Com efeito, a vantagem concorrencial poderá resultar das mais diversas atividades que a empresa desenvolve para conceber, produzir, comercializar, distribuir e prestar assistência relativamente aos seus produtos. Cada uma destas atividades pode contribuir para uma determinada posição relativa no domínio dos custos ou para criar uma base da diferenciação. Uma das vantagens no domínio dos custos poderá resultar, por exemplo, de origens tão díspares como um sistema de distribuição física de baixo custo, um processo de montagem altamente eficiente ou uma utilização eficiente da força de vendas. A diferenciação poderá radicar em fatores tão diversos como, por exemplo, o aprovisionamento de matérias-primas de alta qualidade, um sistema interativo de lançamento de encomendas ou uma conceção avançada do produto.

Nestas circunstâncias, torna-se indispensável desagregar a empresa nas suas atividades estrategicamente relevantes para compreender, de forma adequada, o comportamento dos custos e as fontes (atuais ou potenciais) de diferenciação. O instrumento fundamental para proceder a esta análise de modo sistemático é a **Cadeia de Valor**.

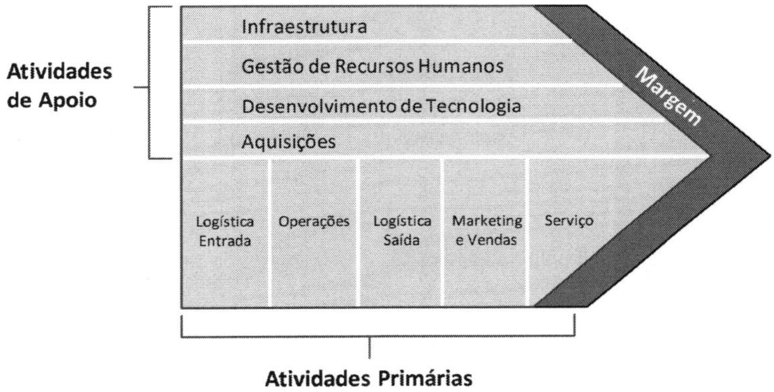

Figura 9. Cadeia de Valor (Porter, 1985)

Porém, a **Cadeia de Valor** de uma empresa está integrada num fluxo mais vasto de atividades, designado por **Sistema de Valor**, que se pode representar de acordo com a figura 10.

Na realidade, os fornecedores controlam igualmente cadeias de valor (**valor a montante**) que compreendam a criação e distribuição dos *inputs* utilizados na cadeia de valor da empresa. Por outro lado, muitos produtos, antes de chegarem ao cliente final, passam através de cadeias de valor de canais de distribuição (**valor de canal**). Estes canais executam atividades que não só afetam o comprador, como também influenciam as atividades da empresa.

Em última análise, o produto da empresa acaba por fazer parte integrante da **cadeia de valor do cliente**.

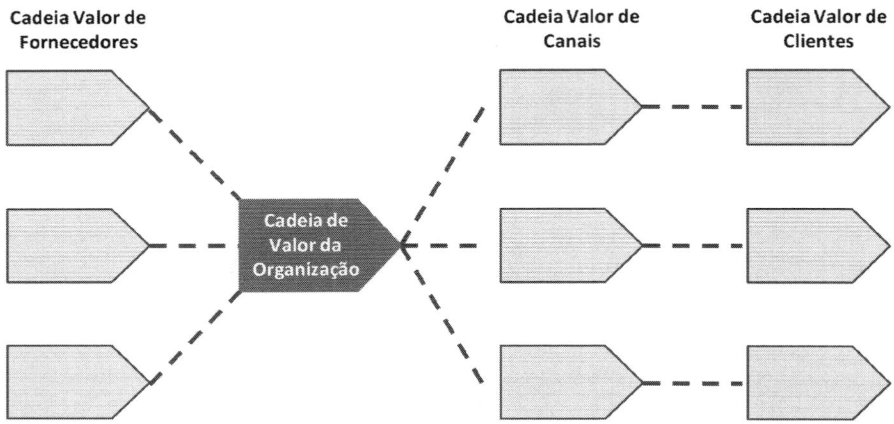

Figura 10. Sistema de Valor (Porter, 1985)

Consequentemente, ganhar e sustentar uma vantagem concorrencial dependerá não só de um claro entendimento da cadeia de valor da empresa, mas também do seu enquadramento no sistema global de valor em que está inserida.

A **Cadeia de Valor** explicita a globalidade do valor formado, consistindo basicamente em atividades de valor e margem. As atividades que concorrem para a formação de valor podem ser de dois tipos: atividades principais e atividades de apoio. As primeiras dizem respeito à criação física do produto e à sua venda e transferência para o comprador, bem como à assistência pós-venda. As segundas apoiam as atividades principais e apoiam-se, igualmente, entre si, proporcionando *inputs* adquiridos ao exterior, tecnologia, recursos humanos e várias funções a nível da empresa na sua globalidade.

As linhas a tracejado refletem o facto de os aprovisionamentos, o desenvolvimento tecnológico e a gestão de recursos humanos poderem estar associados a atividades principais específicas ou apoiarem a cadeia na sua globalidade. A infraestrutura da empresa (abrangendo essencialmente a gestão global, o planeamento, as finanças, a contabilidade, os assuntos legais e a gestão da qualidade) não está associada a nenhuma atividade principal em particular, mas apoia, em geral, toda a cadeia de valor.

Atividades primárias:

- Logística Interna: atividades relacionadas com a receção, armazenagem e distribuição dos *inputs* ao produto/serviço;

- Produção: transformação dos *inputs* no produto final (produção, embalagem);
- Logística Externa: receção, armazenamento e distribuição do produto aos clientes;
- Marketing e Vendas: divulgação e venda dos produtos aos clientes;
- Serviços: todas as atividades que realçam ou mantêm o valor do produto ou serviço.

Atividades de suporte:

- Aquisição: processo de aquisição de *inputs* para as atividades primárias;
- Tecnologia: pode estar relacionada com o produto, com o processo ou com um recurso em particular;
- Gestão de Recursos Humanos: é uma atividade fundamental que transcende todas as atividades primárias (recrutamento, formação, desenvolvimento e recompensa);
- Infraestrutura da empresa: sistemas de planeamento, controlo de qualidade, finanças, contabilidade, etc.

O levantamento de recursos não se processa através de uma simples listagem de todos os itens ou atividades da empresa, mas apenas sobre aquelas nas quais se reflete a capacidade competitiva, isto é, aquelas que fazem a diferença na ótica dos clientes.

Desta forma, os recursos das empresas encontram-se dispersos pelas atividades primárias, sendo conduzidos pelas atividades de suporte para um objetivo estratégico definido.

4.2. ANÁLISE EXTERNA

É aceite que o contexto em que as empresas atuam influencia o seu desempenho. Vejam-se, por exemplo, as teorias baseadas na economia industrial e, em particular, o trabalho de Porter (1979, 1980, 1990) sobre estes assuntos.

De facto, condições mais favoráveis (**oportunidades**) facilitam o atingimento dos objetivos da organização. No sentido oposto, condições adversas (**ameaças**) tornam mais difícil alcançar as metas definidas.

Nesse sentido, a ação e atenção dos empresários e responsáveis de topo das empresas no desenvolvimento da estratégia concentra-se no **ajuste** entre a identificação de oportunidades no contexto da empresa e o desenvolvimento de capacidades estratégias para tirar partido dessas oportunidades.

Nos pontos seguintes, faremos uma breve incursão em dois modelos que ajudam a perceber o contexto em que se atua: o modelo **PESTAL** e o modelo das **5 forças de Porter**.

4.2.1. NÍVEL MACRO: ANÁLISE PESTAL

Os fatores do macro ambiente influenciam quase todas as empresas. No entanto, influenciam-nas de forma diferente. Para algumas empresas, uma subida das taxas de juros implica maiores custos (empresas com dívida remunerada). Por outro lado, empresas que tenham excedentes de tesouraria, aumentam os proveitos quando se verifica este evento.

Uma ferramenta extremamente útil para analisar estes fatores é a análise PESTAL. Esta análise envolve duas partes. A primeira parte consiste em determinar quais são os fatores do ambiente externo que afetam uma determinada organização. Estes fatores costumam agrupar-se em: **Políticos, Económicos, Sociais, Tecnológicos, Ambientais e Legais**.

Os fatores **Políticos** incluem as políticas sociais, a política fiscal do país, a regulamentação do comércio externo e a estabilidade do governo. Por exemplo, um país com uma elevada taxa de imposto ou uma elevada regulamentação do comércio externo torna-se pouco interessante para empresas que estejam a considerar iniciar operações no país ou para empresas que procuram um mercado de exportação.

Os fatores **Económicos** consistem nos ciclos económicos – determinados pela tendência do Produto Nacional Bruto (PNB) – nas taxas de juro, na oferta de moeda – que determina a inflação –, no nível de desemprego e no rendimento disponível das famílias. Estes fatores ajudam a determinar a atratividade de um país. Por exemplo, a duração dos ciclos económicos e o ponto do ciclo económico de um país podem definir a atratividade e o *timing* de entrada no país. Adicionalmente, se um país tem longos ciclos económicos e se este ciclo se encontra na fase em que a economia começa a crescer, então este país não só é atrativo, como também o é o *timing* de entrada no mercado.

Outro aspeto que determina a atratividade de um país diz respeito aos fatores **Socioculturais**. Estes incluem a demografia do país, a distribuição do rendimento, a mobilidade social, a mudança de estilos de vida, as atitudes perante o trabalho e tempos livres, o consumismo e o nível de educação. Este último pode definir a atratividade de um país para uma organização de uma indústria que dependa de mão-de-obra altamente qualificada, por exemplo.

Os fatores da análise PESTAL que se seguem são os fatores **Tecnológicos**. Nestes fatores encontramos as despesas governamentais em Investigação e Desenvolvimento (I&D), a atitude do governo e das empresas relativamente ao esforço tecnológico, o número de descobertas e desenvolvimentos, a velocidade da tecnologia e as taxas de obsolescência. Estes fatores são extremamente importantes para setores de alta tecnologia, nos quais os incentivos à inovação no país são determinantes para as organizações.

O próximo grupo de fatores corresponde aos fatores **Ambientais**, como o consumo e a disponibilidade de energia, as leis de proteção ambiental e o nível de desperdício. As leis de proteção ambiental, por exemplo, podem ser um fator fundamental para empresas que emitam muitos gases poluentes.

Por fim, os últimos fatores da análise PESTAL são os fatores **Legais**. Neles incluem-se as leis laborais, a legislação anti monopólios e as regras de saúde e segurança dos produtos.

De toda esta análise exaustiva queremos identificar um número reduzido de fatores que têm **elevado impacto** positivo (oportunidades) ou negativo (ameaças) na empresa e que têm **elevada probabilidade** de ocorrerem. São justamente estes fatores que importa monitorizar para que se possam tomar as decisões adequadas.

A segunda parte desta análise consiste em determinar não só os fatores do contexto externo que são mais importantes para a empresa atualmente, como também quais serão os fatores mais importantes no futuro. Desta forma, a empresa poderá tomar uma decisão que combine a **análise do contexto externo no curto-prazo com o potencial do mercado de cada país a longo-prazo**.

Agora que compreendemos o que inclui a análise PESTAL, é fundamental entender alguns aspetos chave desta ferramenta. Esta análise é muito mais do que uma lista de influências. Para realizar uma boa análise PESTAL é necessário compreender os **Indutores Chave da Mudança** (ICM). Os ICM são forças que afetam a estrutura da indústria, setor ou mercado, como a globalização dos mercados, os custos da globalização, as atividades e políticas governamentais e a globalização da concorrência.

Os ICM têm um impacto diferente entre indústrias, mercados e organizações. Eles focam-se no impacto futuro dos fatores ambientais, sendo que o aspeto mais importante é o efeito combinado de alguns fatores.

Para complementar a análise dos fatores a nível macro, apresenta-se na próxima secção um modelo para análise a nível micro. Ao contrário dos fatores macro, que não podem ser influenciados por uma empresa *per si* com o seu comportamento competitivo, os fatores micro pretende influenciar o ambiente competitivo da empresa para facilitar a ação estratégica.

4.2.2. NÍVEL MICRO: AS 5 FORÇAS DA CONCORRÊNCIA DE PORTER

De acordo com Porter, "os fundamentos da formulação da estratégia competitiva residem no relacionamento da empresa com a envolvente" e, em especial, "na indústria em que compete".

Consequentemente, a formulação da estratégia competitiva consiste em identificar as indústrias mais atrativas, isto é, aquelas que possibilitam maiores retornos sobre o investimento.

Foi, no entanto, preciso esperar pelos anos 80 para Porter (1980) definir o contexto relevante para análise do ambiente competitivo: a indústria. Este modelo de análise fundamentou-se nos trabalhos de economia industrial, cujos percursores foram os trabalhos de Mason (1939) e Bain (1956), nos quais se referia que o desempenho era determinado pela estrutura do mercado. Partindo desta perspetiva, Porter pretende identificar os fatores que determinam a estrutura do mercado, ou, na sua terminologia, os fatores que influenciam o potencial ou a atratividade de uma indústria.

No período compreendido entre 1992 e 2006 (Porter, 2008) identificou variações enormes nas rentabilidades das diferentes indústrias cuja amplitude variava entre os 40,9% nos serviços de corretagem e negociação de ações e os 5,9% das companhias de aviação e vendas por catálogo. Hoje em dia não é muito diferente.

Para compreender e avaliar os fatores que influenciam estas diferenças Porter identificou 5 forças[1]: **ameaças de novos concorrentes, poder negocial de clientes, poder negocial de fornecedores, rivalidade na indústria e ameaças de produtos/serviços substitutos.** Estas 5 forças verificam-se em

[1] Pode usar o modelo disponível em http://empreenderleiria.pt/pt/material-apoio-single/ferramentas-e-metodologias-atratividade-da-industria-18 para efetuar a análise.

todos os setores e indústrias, sejam eles tradicionais, em fase de maturidade ou de crescimento rápido ou relacionados com novas tecnologias e de ciclo rápido.

Cada uma destas forças poderá ter efeitos positivos na rentabilidade, se for possível aumentar preços, reduzir custos e investimentos, ou pelo contrário, o seu efeito será negativo na rentabilidade devido à redução nos preços, ao aumento nos custos e ao aumento do investimento necessário. Estes efeitos podem ser considerados isoladamente ou em conjunto, alavancando o seu impacto na rentabilidade.

É a atratividade que determina a rendibilidade a longo prazo de uma indústria. As empresas, reafirma Porter (1991), "devem ver o seu contexto competitivo com clareza e devem construir e proteger uma posição que possam defender".

Porter (1980) defende que "existem benefícios substanciais através de um processo explícito de formulação da estratégia, assegurando-se que, ao menos, as políticas... sejam coordenadas e visando os mesmos objetivos"[2]. No entanto, não existe "uma metodologia abrangente... visando auxiliar as empresas como um todo e a prever a futura evolução da empresa, compreender a concorrência e a sua própria posição e traduzir esta análise numa estratégia competitiva"[3]. Posteriormente, o autor afirma que "a essência da formulação da estratégia competitiva é relacionar a empresa com o seu meio ambiente... o aspeto principal do meio", que "tem uma forte influência na determinação das regras competitivas... assim como das estratégias potencialmente disponíveis".

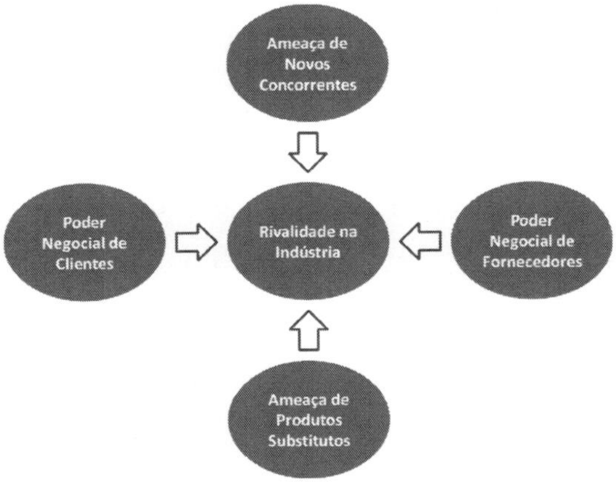

Figura 11. Forças que determinam a estrutura da indústria (Porter, 1980)

[2] "Competitive Strategy", Free Press, 1980.

[3] Idem ponto anterior.

Vamos analisar em detalhe cada uma das cinco forças competitivas, que condicionam as estratégias competitivas. Esta análise visa concluir sobre o poder de cada força competitiva (forte, médio ou fraco). Posteriormente, explica-se como é que cada força age para criar pressão competitiva e, finalmente, decide-se se a concorrência global é brutal, intensa, forte, normal/moderada ou fraca.

- **Ameaça de novos concorrentes**: a entrada de novos concorrentes aumenta a intensidade da concorrência e ocorre quando os fatores são acessíveis e imitáveis. Depende das barreiras à entrada, entre as quais se destacam as economias de escala[4], a diferenciação de produto, as necessidades de investimentos, os custos de mudança de fornecedor, o acesso aos canais de distribuição, a necessidade de conhecimentos especializados, a dificuldade no acesso às matérias-primas, a dificuldade no acesso a subsídios e as ameaças de retaliação que já se verificaram quando entraram novas empresas. Quando existem fortes ameaças de entradas de novos concorrentes, a pressão competitiva aumenta e os preços tendem a descer, o que diminui a rentabilidade potencial da indústria. Se não existirem ameaças de novas entradas então o mercado fica mais estabilizado e a rentabilidade mantêm-se.
- **Poder negocial dos clientes**: os clientes procuram apoderar-se de parte do valor criado na indústria forçando uma redução nos preços e/ou ao aumento da qualidade dos produtos e dos serviços. O seu poder depende da concentração dos clientes, do volume de compras, da diferenciação dos fornecedores, da ameaça de integração dos clientes a montante, do conhecimento pelos clientes da estrutura de custos da indústria, dos lucros dos clientes, da poupança de custos que os produtos adquiridos proporcionam, da importância do produto fornecido para a qualidade do produto final dos clientes e da percentagem dos custos totais do cliente despendidos nos produtos fornecidos. Um forte poder de negociação de clientes significa que as condições de fornecimento (preços, prazos de entrega, qualidade e serviços) serão determinadas pelos clientes, que se apoderam de uma parte significativa do valor criado.

[4] Todos os factores utilizados em cada uma das cinco forças foram retirados da obra de Dess, G. G. e Miller, A. "Strategic Management", McGraw-Hill, 1993.

- **Poder negocial dos fornecedores**: os fornecedores procuram apoderar-se de parte do valor criado na indústria, tentando aumentar os preços dos seus produtos ou baixando a qualidade dos seus produtos e/ou serviços. O poder dos fornecedores depende da concentração relativa dos fornecedores, da disponibilidade de produtos substitutos, diferenciação dos seus produtos e serviços, da importância do cliente para o fornecedor, do custo da mudança de fornecedor e da sua ameaça de integração a jusante.
- **Rivalidade na indústria**: uma rivalidade elevada traduz-se no facto de não existir um concorrente com uma posição dominante e, em consequência, leva a que os diversos concorrentes vão esmagando as margens. Esta é normalmente a força mais poderosa da indústria. A intensidade da rivalidade depende do número de concorrentes, da taxa de crescimento da indústria, dos custos fixos, dos custos de armazenagem, da diferenciação de produtos e serviços, das barreiras à saída e da concentração e equilíbrio entre os concorrentes.
- **Ameaça de produtos substitutos**: os produtos substitutos limitam o preço a que a indústria pode vender os seus produtos. Depende da rendibilidade da indústria que produz os substitutos e da melhoria da relação entre o preço e o desempenho dos substitutos.

Com base nesta análise é possível concluir que um ambiente competitivo é pouco atrativo quando a rivalidade é forte, as barreiras à entrada são baixas, a competitividade dos produtos substitutos é forte e os fornecedores e clientes têm um poder de negociação considerável.

Por outro lado, o ambiente competitivo é ideal quando a rivalidade é moderada, as barreiras à entrada são altas, não existem bons produtos substitutos e os clientes e fornecedores têm posição de negociação fraca.

Consequentemente, o objetivo de qualquer empresa é conceber uma estratégia que isole a empresa das forças competitivas, que influencie pressões competitivas a favor da empresa e que possa construir vantagens competitivas sustentáveis.

De qualquer forma, quando se efetua uma análise à indústria devem ser considerados os seguintes aspetos: a dimensão de mercado e o seu potencial crescimento; se as condições competitivas estão a levar ao aumento/ /queda da rentabilidade da indústria; se as forças competitivas se tornarão fortes ou fracas; se o impacto das forças chave do macro ambiente na indústria é favorável ou desfavorável; o potencial de entrada/saída das principais empresas; a estabilidade/dependência da procura; a importância dos problemas colocados à indústria; e o grau de risco e incerteza futuros da indústria.

Devemos recordar que é necessária uma análise cuidadosa à indústria. Isto é, não devemos reduzir as condições competitivas a uma mera fórmula e devemos periodicamente (entre um e três anos) efetuar uma nova análise.

Johnson e Scholles (2002) referem como fundamentais as seguintes questões ao modelo das cinco forças:

- Quais as forças chave no ambiente competitivo? (para que se acompanhe mais de perto a sua evolução)
- Quais são os fatores do macro ambiente subjacentes que influenciam as forças competitivas?
- Como é que as forças competitivas mudam? (ou seja, se o poder de clientes vai aumentar ou se a rivalidade se vai intensificar)
- Quais são as forças e fraquezas dos concorrentes em relação às forças competitivas?
- A estratégia competitiva pode influenciar as forças competitivas? (por exemplo, induzindo barreiras à entrada ou reduzir a rivalidade)

4.3. CASO PRÁTICO – A INDÚSTRIA DE TELEMÓVEIS EM PORTUGAL (2000)

O mercado das Telecomunicações móveis em Portugal tinha dado os primeiros passos em 1990 com o lançamento da TMN. Dois anos mais tarde foi atribuída a segunda licença de operador móvel à Telecel. Desde então, os índices de crescimento do mercado atingiram níveis inimagináveis. Portugal tornou-se, a nível europeu, o país com maior nível de crescimento (138% de Maio de 97 a Maio de 98). Até ao lançamento comercial da Optimus, em Setembro de 1998, o mercado era equilibradamente partilhado pelos dois operadores existentes, que se batiam de igual para igual num mercado extremamente sensível ao preço.

No mercado, que continuava a evidenciar uma clara tendência de crescimento quer em Portugal quer na EU, estava previsto para o segundo semestre de 2000 a introdução de uma nova tecnologia GPRS como etapa intermédia para a evolução da atual rede GSM para o sistema de 3ª geração UMTS que seria introduzido em 2004. O GRPS permite a transmissão de dados a uma velocidade muito superior à da rede GSM e um acesso mais rápido à informação, passando a constituir um meio privilegiado para todo o tipo de transações, nomeadamente o comércio eletrónico.

No princípio do ano 2000 os diferentes operadores tentavam diferenciar-se para atrair novos clientes. O mercado de executivos estava a atingir a saturação, pelo que se enfatizou a atracão de clientes individuais. O resultado foi uma diminuição dos preços, incentivos aos consumidores e custos com publicidade e promoções mais elevados. No entanto, os diferentes operadores reconheciam a necessidade de conservar a sua quota e reduzir o custo de mudança entre redes já que, devido à elevada taxa de penetração em Portugal dos telefones móveis, esperava-se uma diminuição da taxa de crescimento do sector.

Os distribuidores, devido aos contratos que mantinham com os operadores, tinham reduzida margem de manobra, mas os prémios oferecidos pelos operadores por cada novo cliente, permitia-lhes continuar a obter resultados em cada venda. O poder de fornecedores de serviços era maior. Apesar da liberalização do sector, 80% dos clientes de telemóveis eram, em 1999, controlados por duas empresas (TMN e Vodafone) e existia apenas mais uma empresa, a Optimus. Cada uma das empresas tinha desenvolvido um conjunto de serviços de apoio ao cliente assente em estruturas internas de cada empresa. Apesar das tentativas de fidelização dos clientes através de contratos plurianuais existia facilidade em mudar de operador.

A conceção e preço de cada pacote poderia desempenhar um papel importante para atrair novos clientes à rede do operador, sobretudo quando as características dos serviços e tarifas entre os diferentes concorrentes eram similares. Existiam cerca de uma dezena de fabricantes de equipamentos que competiam por quota de mercado. Os principais competidores eram Nokia, Motorola, Sony-Ericsson, Siemens e Samsung e representavam uma ameaça de integração para a frente, de entrada nas redes de operadores. O governo desempenhava um papel importante no desenvolvimento do mercado emitindo as licenças e mantendo um interesse ativo na indústria, intervindo quando considerava necessário.

Existia uma limitação ao aumento dos preços, já que, elevadas tarifas poderiam fazer com que os clientes considerassem a alternativa do telefone fixo, que era mais barata, o que poderia dissuadir potencias clientes a entrarem no mercado dos telemóveis. A Internet, páginas web e comunicações por fax estavam a aumentar a sua popularidade, mas não representavam uma grande ameaça ao telemóvel.

A obtenção de licença de operador constituía a principal barreira à entrada, e os elevados custos para entrar no negócio constituíam um desincentivo para potenciais pretendentes. Esta posição poderia alterar-se à medida que a rentabilidade a longo prazo deste negócio estabilizasse.

Questão 1. Analise a atratividade da indústria de telemóveis em Portugal no ano de 2000.

Questão 2. Indique quais são, do ponto de vista da Optimus, as 3 grandes ameaças que faziam perigar o negócio, e como responderia a cada uma delas para reduzir as suas consequências.

5.

A escolha da estratégia

Com base nos resultados da análise estratégica, os gestores das organizações devem escolher a melhor estratégia para a sua empresa. Para o efeito, vamos utilizar a matriz produto-mercado de Ansoff para fundamentar esta escolha e possíveis vias de crescimento. De seguida, para fundamentar a estratégia competitiva ao nível do negócio, iremos recorrer ao modelo das estratégias genéricas de Porter.

5.1. A MATRIZ PRODUTO-MERCADO DE ANSOFF

Uma decisão fundamental numa empresa é a escolha de uma orientação comercial clara. Esta deve ser centrada nos clientes e baseada nos produtos a vender em cada um dos seus mercados alvo.

Igor Ansoff (1965) desenvolveu uma matriz produto-mercado que vai servir de base à reflexão sobre possíveis vias de crescimento.

Esta matriz procura relacionar a empresa com os seus mercados alvo e encontrar possíveis vias de crescimento coerentes com esta lógica.

Uma primeira via de crescimento, normalmente a mais óbvia e menos arriscada, é a **penetração no mercado.** Nesta via, a empresa continua a vender os mesmos produtos nos mesmos mercados, quer aumentando a utilização do produto quer através da conquista de quota de mercado. É possível implementar esta estratégia em mercados em crescimento, uma vez que existe espaço para crescer, seja através do aumento do consumo atual de clientes, ou através da conquista de quota de mercado, retirando clientes à concorrência.

A segunda opção de crescimento passa pela **extensão do produto**, na qual a empresa aumenta a gama de produtos oferecidos ou introduz novos produtos dirigidos ao mercado atual. Esta opção é mais arriscada e pressupõe que a empresa tem capacidade para lançar novos produtos adequados ao seu mercado atual, ou que possa construir competências necessárias para lançar novos produtos.

Mercados \ Produtos	Atuais	Novos
Atuais	**Penetração de Mercado** • Conquistar quota • Aumentar utilização	**Extensão de Produto** • Aumentar a gama • Criar novos produtos
Novos	**Extensão de Mercado** • Servir mais segmentos • Converter não-clientes	**Diversificação** • Sinergias comerciais • Sinergias tecnológicas

Figura 12. Matriz de Ansoff

A terceira opção, **extensão do mercado**, passa por encontrar novos mercados para os produtos da empresa, sejam estes mercados novos segmentos ou novas áreas geográficas, ou por converter potenciais clientes. Esta opção exige elevadas capacidades de marketing para que seja implementada com sucesso.

Por fim, a quarta opção, **diversificação**, baseia-se em sinergias tecnológicas e comerciais. Esta é a opção a mais exigente, uma vez que implica a combinação das capacidades para lançar novos produtos com capacidades comerciais.

De qualquer forma, é fundamental que exista uma perspetiva dinâmica de ajustamento às alterações do mercado, aproveitando-se as oportunidades do contexto da empresa para que se garanta um crescimento sustentado. As empresas que registam taxas de crescimento acima da média, aproveitando as circunstâncias externas, são normalmente apreciadas pelos diferentes *stakeholders*.

5.2. AS ESTRATÉGIAS GENÉRICAS DE PORTER

De acordo com Porter (1980 e 1985), podemos encontrar três estratégias genéricas internamente consistentes: **liderança através dos custos**, **diferenciação** e **focalização**. Esta última possui duas variantes: **focalização baseada nos custos** e **focalização baseada na diferenciação**. Estas duas variantes podem ser usadas isoladamente ou de forma combinada, para criar uma posição sustentável a longo prazo e superar os concorrentes numa indústria.

A sustentabilidade de uma estratégia exige que as empresas possuam algumas barreiras que dificultem a sua imitação. Mas, como estas não são realmente intransponíveis, é necessário que a empresa atue constantemente no sentido de tornar a sua estratégia cada vez mais complexa e difícil de imitar. Isto pode ser feito através de investimentos continuados, que reforcem o comprometimento com a orientação seguida pela empresa e melhorem a sua posição, oferecendo, deste modo, um alvo móvel à concorrência.

Desenvolvem-se, de seguida, cada uma das estratégias genéricas, cujos diferentes recursos, capacidades e requisitos organizacionais exigidos se encontram descritos no Quadro 2.

Quadro 2. Estratégias genéricas de Porter (Porter, 1980)

ESTRATÉGIA GENÉRICA	RECURSOS E CAPACIDADES REQUERIDOS	REQUISITOS ORGANIZACIONAIS
Liderança nos custos	• Investimento sustentado em capital e acesso a meios de financiamento • Boa capacidade de engenharia de processo • Supervisão intensiva da mão-de-obra • Produtos concebidos para facilitar a fabricação • Sistemas de distribuição de baixos custos	• Controlo de custos rígido • Relatórios de controlo frequentes e detalhados • Organização e responsabilidades estruturadas • Incentivos baseados em metas estritamente quantitativas
Diferenciação	• Fortes capacidades em marketing • Engenharia de produto • Capacidade criativa • Grande capacidade em pesquisa básica • Reputação como líder em qualidade ou tecnologia • Grande tradição na indústria ou combinação de capacidade ímpar trazidos de outros negócios • Forte cooperação com canais de distribuição	• Forte coordenação entre funções em I&D, desenvolvimento do produto e marketing • Avaliações e incentivos subjetivos em vez de medidas quantitativas • Ambiente agradável para atrair mão-de-obra altamente qualificada, cientistas ou pessoas criativas
Focalização	• Combinação das políticas acima descritas dirigidas para um alvo particular	• Combinação das políticas acima referidas para um segmento particular

5.2.1. LIDERANÇA ATRAVÉS DOS CUSTOS

A liderança de custos permite à empresa competir oferecendo um preço mais baixo para um nível de qualidade de produtos semelhante aos dos concorrentes. O tema central desta linha estratégica é a redução de custos em todas as atividades que permitam sustentar preços baixos, criando assim valor para o cliente, realizando elevados volumes de venda nos múltiplos segmentos de mercado. Podemos, no setor automóvel considerar que KIA, Renault, SEAT, entre outras, são empresas que seguem esta estratégia.

Nesta estratégia, é fundamental atingir a liderança no custo total numa indústria, através de um conjunto de políticas funcionais orientadas para esse objetivo básico. No entanto, a qualidade, a assistência e outras áreas não podem ser completamente ignoradas. Em geral, estes produtores vendem um produto padrão (indiferenciado) e dão ênfase considerável à obtenção de vantagens de custo absoluto e de escala de todas as fontes.

O Líder nos Custos deve obter **paridade** ou **proximidade** com base na diferenciação relativamente aos seus concorrentes.

A **paridade** com base na diferenciação permite que um líder no custo traduza a sua vantagem diretamente em lucros mais altos do que os da concorrência.

A **proximidade** na diferenciação, por outro lado, significa que o desconto de preço que um concorrente deve oferecer para obter uma quota de mercado aceitável não compensa a vantagem no custo. Para se poder sustentar a posição de liderança através dos custos deve-se ser o Líder e não um entre vários a disputar a posição. Esta posição, permite obter retornos acima da média porque protege a empresa contra todas as cinco forças competitivas e porque a negociação só pode continuar a erodir os lucros até ao ponto em que os lucros do próximo concorrente mais eficiente tenham sido eliminados. A liderança através dos custos permite obter margens elevadas que podem ser reinvestidas em equipamentos e instalações mais modernas, sustentando-se desta forma a posição de liderança.

Por fim, os principais riscos desta estratégia são:

- Uma liderança não sustentada, uma vez que os concorrentes imitam a empresa, a tecnologia muda ou outras bases para a liderança através dos custos sofrem alteração;
- A perda de proximidade na diferenciação;
- Os concorrentes focalizados nos custos obtêm custo ainda mais baixo em segmentos específicos.

5.2.2. DIFERENCIAÇÃO

Esta orientação estratégica consiste em diferenciar o produto ou serviço oferecido pela empresa ao longo de algumas dimensões amplamente valorizadas pelos clientes. Desta forma, a empresa cria algo considerado único no âmbito de toda a indústria, estando os clientes dispostos a pagar um prémio no preço pela singularidade.

A diferenciação pode ser obtida de diversas formas: projeto ou imagem de marca, tecnologia, características específicas, serviços por encomenda, rede de fornecedores, ou outras dimensões. Para que a estratégia não seja facilmente imitada, a empresa deve diferenciar-se ao longo de várias dimensões.

Embora os custos não sejam o alvo estratégico primário, não podem ser ignorados pois, de outra forma, as vantagens da diferenciação seriam absorvidas pelos acréscimos de custos suportados. Uma empresa diferenciada deve, em consequência, obter paridade ou proximidade de custos em relação aos seus concorrentes, reduzindo o custo em todas as áreas que não afetem a diferenciação.

A diferenciação proporciona retornos acima da média da indústria e cria uma posição defensável para enfrentar as cinco forças competitivas. No entanto, é muitas vezes incompatível com uma elevada quota de mercado. Exemplos na indústria automóvel são BMW, Mercedes e Audi, entre outros. Estas empresas procuram também servir múltiplos segmentos de mercado.

Ao contrário da liderança através dos custos, pode haver mais que uma estratégia de diferenciação com sucesso numa indústria, desde que existam uma série de atributos muito valorizados pelos clientes.

Os riscos desta estratégia são:

- A diferenciação não ser sustentada porque os concorrentes a imitam ou as bases para a diferenciação passam a ser menos importantes para os clientes;
- A perda de *proximidade* no custo;
- Os concorrentes focalizados com base na diferenciação obtêm uma diferenciação ainda maior em segmentos específicos.

5.2.3. FOCALIZAÇÃO

A última estratégia genérica é a focalização num determinado grupo de clientes, num segmento da linha de produtos, ou num mercado geográfico.

Esta estratégia procura satisfazer as necessidades de um alvo específico determinado, sendo que cada política funcional é desenvolvida levando isto em consideração. Assume-se que a empresa é capaz de servir o seu alvo estratégico mais eficientemente do que os concorrentes que estão a concorrer com alvos mais amplos. Consequentemente, a empresa atinge a diferenciação por satisfazer melhor as necessidades do seu alvo particular, por oferecer os custos mais baixos neste alvo, ou ambos. Por isso, a empresa pode obter retornos acima da média. Não obstante, se o segmento alvo não for diferente de outros segmentos, então esta estratégia não terá êxito.

Normalmente, há lugar para diversas estratégias de focalização sustentáveis numa indústria, desde que os focalizados escolham segmentos alvo diferentes.

Nesta estratégia, o foco refere-se à concentração em segmentos de mercado e às necessidades específicas do segmento que servem. Podemos aqui distinguir foco no custo ou foco na diferenciação. A Dácia é um bom exemplo de foco em custos e a Ferrari ou a Bentley são exemplos da diferenciação focada em segmentos específicos.

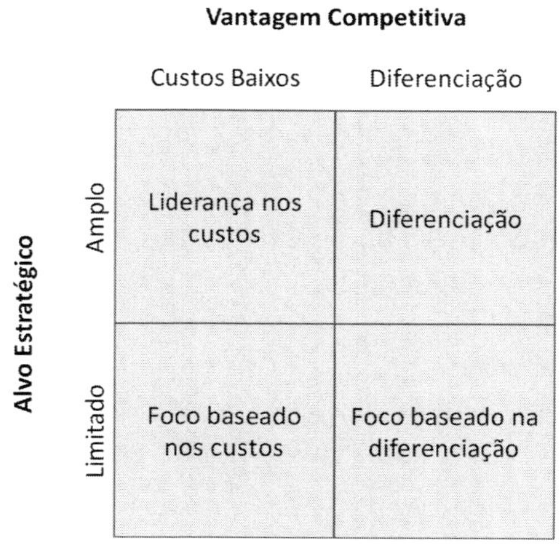

Figura 13. Porter, 1985

A focalização determina que se aceitem limitações na quota de mercado, porque estamos a servir um alvo específico. Por isto, defende-se que esta opção envolve necessariamente um *trade-off* entre a rendibilidade e o volume de vendas. Pode implicar ou não um *trade-off* com a posição global de custo. Na Figura 13 estão representadas as três estratégias genéricas, com as duas variantes na Focalização.

Esta estratégia comporta os seguintes riscos:

- A estratégia de focalização pode ser imitada;
- O segmento alvo tornar-se não atrativo em termos estruturais.

5.2.4. COMBINAÇÃO DE ESTRATÉGIAS GENÉRICAS

Apesar de Porter definir estas estratégias genéricas, nos anos 90 e seguintes, algumas empresas conseguiram ter enorme sucesso nos seus negócios combinando a estratégia de liderança em custos e diferenciação como foi o caso da Toyota e da IKEA. Estas empresas conseguiram combinar uma forte orientação para custos e diferenciação aumentando o valor criado para os seus clientes, o que lhes permitiu a obtenção da liderança nos respetivos setores.

Ora, nos tempos atuais, para se ter sucesso é necessário combinar as diversas estratégias para satisfazer as necessidades dos clientes, que cada vez mais são multidimensionais. Os clientes querem produtos mais sofisticados com melhores níveis de serviços e a preços mais competitivos. Os clientes têm mais informação, são cada vez mais exigentes e querem uma relação qualidade preço cada vez mais favorável.

A combinação de orientações estratégicas torna a estratégia mais complexa e exige cada vez mais flexibilidade e adaptação aos gestores das empresas. É fundamental que cada empresa crie valor para os clientes combinando e desenvolvendo os seus recursos e capacidades para esse fim, gerando em consequência bons resultados.

A complexidade destas sucessivas combinações torna a estratégia cada vez mais difícil de imitar e, por isso, mais interessante, contribuindo para tornar cada empresa mais singular, potenciando sustentabilidade na obtenção de resultados acima da média.

5.3. CASO PRÁTICO – MG

A MG é uma empresa que fabrica móveis para expositores para lojas de marcas de grande prestígio de empresas de moda, ourivesarias e relojoaria. Estas empresas têm em comum a necessidade de expositores atraentes e modernos, com design, que são concebidos por arquitetos de renome sobretudo oriundos de França.

O crescimento no volume de negócios e de resultados da MG permitiu que a empresa fosse considerada PME excelência. Este prémio é atribuído a empresas com crescimento no volume de negócios, com boa rentabilidade e com uma situação financeira sólida. Não é vulgar uma empresa conseguir obter este prémio 4 anos consecutivos como aconteceu com a MG.

No entanto, o empresário está bastante preocupado pois o principal cliente da empresa, um gabinete de design francês, que representava mais de 95% das vendas da MG, reduziu o seu volume de encomendas e a empresa ficou com pouco trabalho. Esta situação foi agravada pelo investimento em novas máquinas, muito sofisticadas, que foi efetuado no último ano frustrando as expectativas do empresário que esperava um crescimento do volume de negócios. Por isso a MG não vai poder manter-se como PME de Excelência.

Em síntese a empresa era muito eficiente na produção deste mobiliário de prestígio, o pessoal era qualificado e empenhado nas suas tarefas, os equipamentos estavam atualizados e incorporavam tecnologias muito recentes e a empresa tinha uma boa situação financeira. A empresa não conhecia os seus concorrentes, o relacionamento com o cliente francês era bom e mais uma vez no início do ano os 14 colaboradores do cliente francês vinham visitar a MG. No entanto, a procura do cliente tinha-se reduzido.

Ciente dos riscos que a sua empresa corria o empresário pediu-lhe para estudar a estratégia da MG e pediu-lhe conselhos.

Questão 1. Que estratégia genérica seguia a MG? Justifique.

Questão 2. Será que a empresa tinha os recursos necessários?

Questão 3. Que riscos tinha a opção escolhida pela MG? Que opções aconselharia à MG?

5.4. CASO PRÁTICO – INFOSYS

Fundada em 2004 por dois jovens engenheiros, a Infosys nasceu como uma *start-up* ligada ao meio académico, com o objetivo de ser uma empresa modelo na emergente relação Universidade-Meio Empresarial – Redes de inovação.

Como eixo da sua atividade, a Infosys tem produzido e mantido produtos de elevado nível tecnológico, alguns conceptualizados no meio académico e utilizados no meio empresarial nacional. Atualmente a principal atividade da empresa está relacionada com serviços de consultoria e outsourcing em engenharia informática e desenvolvimento de projetos no âmbito da rede da AE Portugal (cujo peso no volume de negócios entre 2006 e 2009 esteve sempre acima de 84%). Esta atividade é composta por cooperação com o meio académico, gestão e desenvolvimento de projetos de arquitetura e engenharia de software na produção de sistemas e produtos cujos direitos de propriedade intelectual são exclusivamente do cliente.

Além dos projetos de inovação e I&DT no sector dos Transportes, a Infosys dispõe também de equipas de desenvolvimento de projetos de Internet e Sistemas em vários sectores empresariais e governamentais. Além dos serviços tecnológicos, a empresa desenvolve e mantém alguns produtos, como o software Recolha – solução avançada para recolha de dados em dispositivos móveis – e a *Infosys Web Platform* – plataforma tecnológica de gestão de Portais e aplicações WEB que manipulam grandes volumes e dinâmicas de informação e atualmente a empresa está a desenvolver um Guia de Turismo para os municípios.

Quanto ao ambiente geral importa destacar a abertura que existe na sociedade à introdução das novas tecnologias e o desenvolvimento de redes sociais baseadas na net e à sociedade de informação e conhecimento, criando-se um clima propício ao desenvolvimento da procura destes serviços.

No programa do governo continua a aposta no plano tecnológico e na modernização administrativa abrindo-se janela de oportunidades para entrar em novos segmentos de mercado, com especial incidência nas autarquias e outros órgãos de poder local, sectores em as TI estão menos desenvolvidas.

As inovações tecnológicas que vão consolidar o acesso universal às TI e vão, ao mesmo tempo, criar a possibilidade de customizar soluções para resolver problemas específicos de cada empresa, a custos mais baixos. Estas tendências irão impulsionar a taxa de crescimento nalguns segmentos de mercado.

Por outro lado, a tendência é que as vendas se façam cada vez mais com o recurso à internet tornando este canal num instrumento fundamental para o marketing. De qualquer forma as empresas com sucesso neste sector têm de crescimento de dois dígitos. A envolvente competitiva da empresa é aquela que se alcança do quadro seguinte:

	Consultoria Outsourcing	Recolha	*Web platform*	Guia Virtual
Rivalidade	Média	Fraca	Mt. Elevada	Média
Poder Clientes	Elevado	Elevado	Médio	Médio
Poder Fornecedores	Elevado	Elevado	Elevado	Elevado
Ameaça Novas Entradas	Média	Elevada	Elevada	Média
Ameaça Substitutos	S/ Significado	S/ Significado	S/ Significado	S/ Significado
Intensidade competitiva	**Média +**	**Forte**	**Fortíssima**	**Média**

Os gestores da Infosys têm uma forte capacidade de liderança e motivam os seus colaboradores utilizando práticas de reconhecimento e de avaliação de desempenho.

No entanto, a empresa não pode, por razões contratuais usar a tecnologia que cria para a AE Portugal, a área comercial está pouco desenvolvida e não existem práticas de planeamento e controlo de gestão. Finalmente aos gestores estão muito envolvidos nas tarefas do dia a dia.

Os Recursos humanos da empresa são jovens, muito qualificados e com experiência no negócio das TI.

No quadro a seguir estão alguns dados financeiros da empresa:

	2016	2017	2018
Volume de Negócios €	450.000	500.000	480.000
Rendibilidade Líquida do Ativo	10%	13%	7%
EBITA €	65.000	100.000	70.000
Custos com Pessoal €	180.000	270.000	290.000
Resultado Líquido €	30.000	48.000	26.000
Autonomia Financeira	13 %	20%	21%

Pretende-se que:

1. Efetue um diagnóstico externo à empresa.
2. Efetue um diagnóstico interno.
3. Proponha uma estratégia que possa ter sucesso na Infosys.

6.

Implementação da Estratégia

Uma decisão fundamental na empresa é escolher uma clara orientação comercial. Esta deve ser centrada nos clientes e baseada nos produtos a vender em cada um dos seus mercados alvo.

6.1. A ESTRATÉGIA COMO PRÁTICA PARA DESEMPENHOS DE EXCELÊNCIA

A estratégia determina como é que as empresas ou organizações podem obter melhores resultados. No entanto, os gestores dedicam-lhe pouco tempo. Do ponto de vista académico, desde o célebre trabalho pioneiro de Chandler (1962), sabe-se que as empresas que definem objetivos de longo prazo e implementam ações para os atingir obtêm melhores resultados. Esta é a essência da estratégia: ação para a concretização de objetivos a longo prazo. Estas ações permitem diferenciar a empresa dos seus concorrentes e obter, de forma consistente, melhor *performance*.

Whittington introduziu, em 1996, o conceito de estratégia como prática, como uma nova abordagem na qual procura contextualizar e explicar estas práticas nas empresas através da ação e interação entre diferentes agentes.

Quem define e implementa a estratégia das empresas são as pessoas que estão nos diferentes níveis organizacionais e, eventualmente, consultores externos. Importa por isso perceber a sua participação e envolvimento nestas práticas sistemáticas de definição de objetivos, de ações para os atingir, de implementação, de monitorização e de adaptação.

Na conceção de estratégia como prática incluem-se os estrategas, as atividades da estratégia e as metodologias da estratégia.

Os estrategas são as pessoas que devem estar envolvidas no processo. A gestão de topo e direção são elementos indispensáveis em todo o processo pelo seu conhecimento do negócio e da empresa, assim como pela responsabilidade que têm em garantir o sucesso da empresa. Poderá existir também um responsável pelo processo de planeamento estratégico que coordenará todo o processo, que poderá ou não ser elemento da direção.

Os gestores intermédios, que tradicionalmente estavam ausentes do processo de desenvolvimento da estratégia, estando apenas envolvidos na implementação, foram resgatados para o processo pelo conhecimento que têm do terreno e porque são fundamentais no desenvolvimento e na implementação da estratégia. Veja-se, por exemplo, a importância da força de vendas na ligação da empresa com os seus clientes, assumindo-se também a sua ação como dimensão estratégica.

As empresas contratam, muitas vezes, consultores de estratégia externos à empresa. Estes aportam a sua experiência no desenvolvimento da estratégia, contribuindo para o processo através de análise e geração de opções, oferecendo uma visão externa à empresa e abrindo novas perspetivas à empresa. Podem também transferir conhecimento prático que melhore o processo e ainda influenciar e facilitar, com a sua análise e experiência, o processo de mudança subjacente à estratégia.

Nos dias de hoje o envolvimento de todos os interessados na empresa é decisivo para o seu sucesso. Afinal, a estratégia é uma tarefa de todos, como destacam Kaplan e Norton (2001).

O segundo pilar da prática da estratégia são as atividades da estratégia: a análise estratégica, a venda interna, a escolha e a comunicação da estratégia.

Em primeiro lugar, a análise estratégica é uma importante entrada na prática da estratégia. Usam-se com frequência ferramentas como as 5 Forças de Porter, o modelo VRIO de Barney e a análise SWOT, entre muitas outras que foram desenvolvidas por académicos e que depois são adaptadas a cada empresa pelos estrategas, simplificando e alterando os modelos originais.

Em segundo lugar, é necessário "vender" internamente a estratégia, para que esta passe a constar da agenda dos diferentes responsáveis na empresa.

Em terceiro lugar, é fundamental escolher a estratégia e, devido aos recursos que devem ser envolvidos para promover diferenças. É importante usar dois tipos de raciocínio em função do contexto, tal como sugere Kahneman (2012), recente prémio Nobel de economia: em ambientes hiper competitivos, os gestores devem usar a intuição e pensar depressa para aproveitar o momento; em contextos normais, os decisores devem pensar devagar, usando a razão.

Em quarto lugar, estratégia deve ser comunicada, usando, por exemplo, mapas da estratégia, e desdobrada a nível da empresa, para facilitar o alinhamento de todos (Kaplan e Norton, 2004, 2006).

O terceiro pilar da estratégia como prática são as metodologias, que se utilizam para concretizar a estratégia: os *workshops*, os projetos específicos, o teste de hipóteses e o plano estratégico.

Os *workshops* com os principais atores da empresa vão permitir formular, avaliar e monitorizar a evolução da implementação da estratégia, trazendo diferentes intervenientes para o processo. Este envolvimento de pessoas de diferentes áreas e níveis vai consolidar a prática da estratégia.

Quando se identificam oportunidades no processo de desenvolvimento da estratégia criam-se projetos específicos, envolvendo equipas multifuncionais para explorar essas oportunidades.

A estratégia baseia-se num conjunto de hipóteses que é necessário testar e explorar antes de implementar. O teste de hipóteses, através de um conjunto de dados e ferramentas (cenários, *wargaming*, raciocínio baseado em opções reais e gestão do risco, entre outras), vai permitir fundamentar decisões em contexto de incerteza.

Finalmente, o plano estratégico descreve e sintetiza a estratégia para a empresa e inclui a Missão, Visão e Objetivos, a análise do contexto externo, a análise de capacidades, a estratégia escolhida, os recursos e as mudanças que será necessário implementar na estrutura organizativa, nos sistemas de monitorização e recompensas e na cultura da empresa. Para este efeito, as empresas podem utilizar o *Balanced Scorecard* (BSC) e a metodologia desenvolvida por Kaplan e Norton (2009) denominada Prémio de Execução (XPP).

Em síntese, a prática da estratégia envolve os estrategas, as atividades e as metodologias. Estas permitem sistematizar e criar condições para consolidar e traduzir a estratégia em práticas ajustadas a cada empresa que sustentem desempenhos de excelência.

6.2. O AJUSTAMENTO DA ESTRUTURA E DA ESTRATÉGIA

As investigações iniciais sobre estratégia de Chandler (1962) e Andrews (1971), concluem que a estratégia e a estrutura determinam os resultados da empresa. E, como sabemos, o objetivo central da estratégia é melhorar os resultados e a competitividade das empresas (Teece et al., 1997).

Andrews (1971) distinguia os aspetos analíticos da formulação da estratégia dos aspetos administrativos da implementação, que era feita através da estrutura organizativa (Chandler, 1962; Galan, 2000).

De seguida, vamos analisar as relações que se estabelecem entre a estratégia, a estrutura e os resultados, de acordo com a Figura 14.

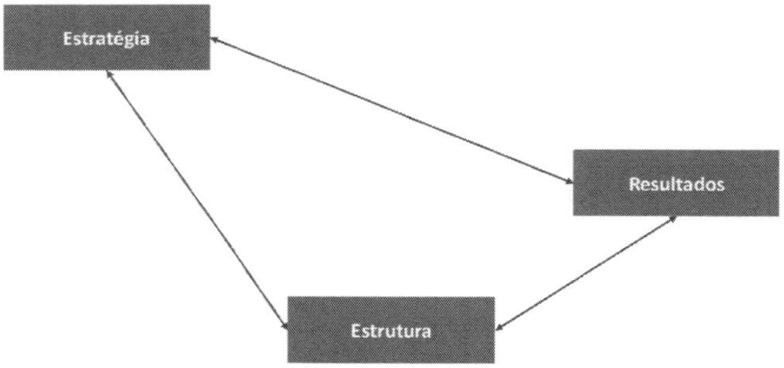

Figura 14. Relação E-E-R

6.2.1. RELAÇÃO ENTRE ESTRATÉGIA E ESTRUTURA

Para Chandler (1962), estratégia é "a determinação das metas e objetivos de longo prazo e a adoção de cursos de ação e a alocação dos recursos necessários para alcançar essas metas" (p. 13), enquanto que a estrutura é "o desenho organizacional através do qual a empresa é dirigida" (p.14).

Nesse sentido, considera-se a organização como uma ferramenta para dirigir o curso de ação necessário aos planos de ação e, como tal, compreende-se a tese de Chandler, de que a estrutura segue a estratégia. Para reforçar esta posição, diversos autores com diferentes perspetivas sobre estratégia, como Ansoff (1965), Andrews (1971), Williamson (1975), Porter (1980) e Nelson (1991), aceitavam a tese de Chandler, pelo que se compreende a posição de Porter (Hodgetts, 2000) de que "pensámos sempre que a organização deveria seguir e reforçar a estratégia".

Diversos autores verificaram a hipótese de Chandler nos Estados Unidos, como se verificou no trabalho pioneiro de Rumelt (1975), que foi estendido a outros mercados (Donaldson, 1987, 1990; Hamilton e Shergill, 1992, 1993). Complementarmente, Fouraker e Stopford (1968) efetuaram a sua extensão às multinacionais.

Recentemente, Amburgey e Dacin (1994) concluíram que uma alteração na estratégia para a diversificação aumenta a probabilidade de um incremento na descentralização na estrutura. Para além disso, concluíram que a estratégia é mais determinante da estrutura do que a estrutura da estratégia.

Por outro lado, a teoria das organizações defende que a estratégia segue a estrutura, devido às limitações impostas por esta nos processos de decisão estratégicos e às opções disponíveis para os gestores. Adicionalmente, as políticas internas, que se originam na estratégia e pretendem facilitar a sua implantação, têm influência na tomada de decisões estratégicas ou táticas (Bower, 1970; Child, 1972; Galbraith e Nathanson 1978; Fredrickson, 1986; Eisenhardt e Bourgeois, 1988). Os resultados obtidos por Burton e Huhn (1979), Grinyer e Yasai-Ardekani (1981) e Donaldson (1982, 1987) põem em causa a direção da relação estratégia/estrutura.

Finalmente, diversos autores assinalam que a influência entre estrutura/ /estratégia é recíproca (Hill e Hoskisson, 1987; Hoskisson, 1987, Kazanjian e Drazin, 1987; Mintzberg, 1990; Pitts, 1977; Steer e Cable, 1978; Thompson, 1981). Simon (1976) considera que não é realista separar meios (estrutura) e fins (metas e objetivos), já que todas as decisões geram ou podem gerar ações interdependentes e juízos de valor. Reconhecemos que a distinção de Andrews (1971) entre a formulação (estratégia) e a implementação (estrutura) não é mais que uma tentativa de aplicar a hipótese taylorista de separar o planeamento e a execução.

Mintzberg (1990, p. 183) expressa bem a relação entre estratégia e estrutura quando defende que "nenhuma tem precedência, cada uma precede a outra e segue-a ... a estrutura segue a estratégia... como o pé esquerdo segue o direito", sendo que "a formação da estratégia é um sistema integrado e não, ao contrário, uma sequência arbitrária". Consequentemente, como referem Galán e Suárez (1997), "as relações entre estratégia e estrutura não devem ser concebidas como estritamente causais nem deterministas, mas ambas as variáveis interatuam e influenciam-se uma a outra no tempo".

6.2.2. RELAÇÃO ENTRE ESTRATÉGIA E RESULTADOS

A estratégia é apropriada, como pressuposto na sua formulação, quando se ajusta ou se é congruente com o contexto ou contingências organizativas com que a empresa se defronta (Andrews, 1971) e tem impacto significativo nos resultados.

Por sua vez, se os resultados que se obtêm não são satisfatórios, existe uma forte pressão para alterar a estratégia.

6.2.3. RELAÇÃO ENTRE ESTRUTURA E RESULTADOS

Harris e Ruefli (2000) concluem que as alterações na estrutura das empresas permitem aumentar mais os resultados, quando comparado com empresas que mantêm a estrutura. Estes autores determinam ainda que mudanças ou adaptações na estrutura são importantes para implementar com sucesso as alterações na estratégia.

Esta conclusão apoia-se na teoria de recursos e capacidades. Na verdade, na perspetiva de Chandler (1962, p. 14), a estrutura é um mecanismo concebido para coordenar e manter juntas as várias habilidades do pessoal e é, exatamente, o capital humano que a estrutura organizacional procura integrar.

A teoria de recursos e capacidades defende a existência de ativos específicos da empresa e que a utilização desses ativos únicos está na base de melhores resultados financeiros (Wernelfelt, 1984; Barney, 1986, 1991; Conner, 1991; Peteraf, 1993). Em particular, as capacidades das empresas, isto é, a habilidade para utilizar recursos, baseiam-se no desenvolvimento, manutenção e intercâmbio de informações através do capital humano da empresa (Amit e Schoemaker, 1993).

O fator humano é o ativo mais relevante que uma empresa possui para obter vantagens competitivas (Grant, 1996) e estas traduzem-se em resultados persistentes acima da média. Na verdade, o conhecimento das organizações está no seu capital humano. Simon (1991) defende que "todo o conhecimento reside na cabeça das pessoas". Por isso, as empresas criam valor através da seleção, desenvolvimento e uso do capital humano (Lepak e Snell, 1999). Nesta sequência, Hitt et al. (2001) destacam o capital humano como fator determinante das diferenças nos resultados empresariais.

De acordo com Becker e Huselid (1999), assiste-se à emergência de um novo paradigma económico que se baseia no capital humano como fonte de vantagem competitiva. Trata-se, portanto, de um dos recursos e capacidades fundamentais, que sustentam as respostas às necessidades que se manifestam nos mercados de hoje e que condicionam as respostas potenciais às necessidades futuras (Wernerfelt, 1984; Barney, 1986, 1991;

Prahalad e Hamel, 1990; Grant, 1991; Hamel e Prahalad, 1994; Teece et al., 1997).

Se concebermos a estrutura como um mecanismo de governo, atuando como alavanca da gestão na utilização dos recursos, então justifica-se a conceção de empresa de Conner (1991), que determina que a melhoria dos resultados deriva mais de alterações na estrutura do que de mudanças na estratégia.

6.2.4. SÍNTESE

Partimos da tese de Chandler (1962), de que a estrutura segue a estratégia e verificámos que esta conclusão seguia a lógica taylorista da distinção entre planeamento e execução, em que se separava a formulação e a implementação da estratégia, sendo a estrutura o instrumento fundamental para a implementação da estratégia. Esta tese, como reconhece Porter (Hodgetts, 2000), teve uma grande influência no âmbito da estratégia. No entanto, a revisão da literatura sugere que as relações entre estratégia, estrutura e resultados são sistémicas, verificando-se interdependência entre cada uma. A estratégia influencia a estrutura, mas a estrutura influencia a estratégia e ambas influenciam os resultados, mas os resultados também lhes impõem ajustamentos.

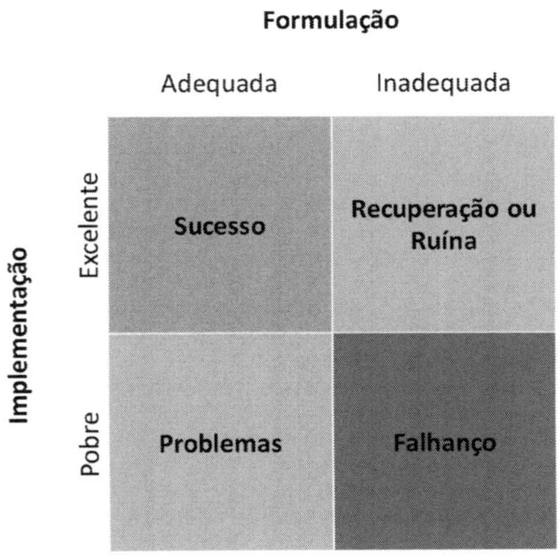

Figura 15. Bonoma, 1984

Bonoma (1984) sumariza a interdependência entre a formulação e implementação da estratégia na figura 15. Só quando a formulação da estratégia é adequada e a implementação é excelente é que se obtém sucesso. Se a formulação é inadequada, mas a implementação é excelente deve-se de imediato alterar a formulação para recuperar o bom desempenho. Se a formulação da estratégia é adequada, isto é, tem em conta as oportunidades e as forças da empresa, mas a implementação é pobre deve-se corrigir rapidamente a implementação. Se a formulação for inadequada e a implementação for pobre então a empresa corre graves riscos de insolvência.

6.3. AÇÃO ESTRATÉGICA

Vivemos em tempos de mudança acelerada, nos quais todas as empresas e demais agentes económicos devem ter capacidade de resiliência e de adaptação para concretizarem os seus objetivos operacionais e estratégicos. Para tal, definem-se planos e metas a atingir e implementam-se ações operacionais e estratégicas que permitam alcançar o sucesso atual e futuro, bem como a sustentabilidade dos negócios.

Não obstante, para se concretizarem os objetivos, é fundamental controlar e ajustar constantemente o desempenho. Nesse sentido, os gestores realizam um conjunto de reuniões estruturadas, com os seus principais colaboradores, sobre os problemas operacionais e estratégicos, com a finalidade de rever o desempenho e ajustar as operações e/ou a estratégia.

As reuniões operacionais, que em geral ocorrem mensalmente, devem permitir monitorizar o desempenho financeiro, comercial, de marketing e de produção. Estas reuniões devem ser curtas, objetivas e viradas para a ação e para os indicadores chave de desempenho (KPI), os quais devem estar ligados e devem contribuir para atingir os objetivos estratégicos. O controlo de gestão baseado no orçamento anual é, geralmente, a ferramenta mais usada.

As reuniões sobre a estratégia, que ocorrem geralmente ao trimestre têm dois objetivos:

- **Revisão da estratégia** – analisam-se os indicadores e iniciativas estratégicas para avaliar o progresso, barreiras e os riscos associados à implementação da estratégia;

- **Teste e adaptação da estratégia** – discute-se e verifica-se se a estratégia está a funcionar e se os pressupostos em que assenta permanecem válidos face aos dados recolhidos nos indicadores estratégicos, identificando-se, sempre que possível, novas oportunidades.

Estas reuniões são geralmente mais longas e podem demorar uma manhã ou um dia inteiro. Nestas reuniões, resolvem-se e discutem-se problemas de implementação da estratégia, decidindo-se aprovar ou alterar os planos de ação. Estas reuniões permitem avaliar se estamos ou não a executar bem a nossa estratégia e a convergir para os nossos objetivos de longo prazo.

O Balanced Scorecard (BSC) é uma boa ferramenta para implementar e gerir este processo estratégico. Começa-se pelo desdobramento da estratégia em objetivos, representados no Mapa da Estratégia e integrados nas quatro perspetivas:

- Financeira;
- Clientes;
- Processos internos;
- Aprendizagem e crescimento.

Para cada objetivo, escolhem-se indicadores. Para cada indicador, estabelecem-se metas de desempenho e, para permitir concretizar essas metas, escolhem-se as iniciativas a implementar.

A estrutura de uma reunião de estratégia na lógica do BSC poderia ser a seguinte:

1. Apresentar o mapa da estratégia e realizar uma revisão geral da estratégia da empresa para recordar e rever a história da estratégia (visão geral);
2. Realizar uma segunda revisão, mas desta vez com foco nas linhas estratégicas que serão analisadas na reunião;
3. Depois, por linha estratégica, foca-se a análise nos objetivos de negócio cujo desempenho é preocupante;
4. Para cada objetivo a ser analisado, discute-se a situação real do mesmo, analisando os indicadores com desvio em relação à meta a longo prazo. Procura-se discutir sequencialmente as razões dos desvios;

5. O passo seguinte é concentrar a análise nas iniciativas estratégicas em curso relacionadas com o objetivo (Análise Integral da Estratégia), procedendo-se aos ajustamentos necessários.

As pessoas ou participantes a envolver nestes processos pode ser diferente. A nível operacional, envolvem-se quadros médios e superiores com elementos da gestão de topo. A nível estratégico, envolve-se a gestão de topo e os colaboradores mais próximos.

Garante-se, desta forma, uma articulação entre as operações e a estratégia com a participação de colaboradores de diferentes níveis e responsabilidades, sempre baseados na informação recolhida e tratada para os diferentes níveis e para a empresa no seu conjunto. Criam-se, gradualmente, hábitos robustos de medição e avaliação de desempenho focado nos objetivos a alcançar.

Esta separação entre a estratégia e as operações permite que estes dois níveis funcionem de forma adequada e integrada criando espaço para a construção do futuro (a dimensão estratégica) sem hipotecar o presente (a dimensão operacional), equilibrando-se as duas dimensões. Assim, desenvolvem-se e melhoram-se as práticas de gestão, desenvolvem-se competências de trabalho em equipa e cria-se uma nova cultura organizacional orientada para resultados.

A consolidação deste processo constante de revisão e aprendizagem vai possibilitar identificar oportunidades e ameaças rapidamente. Vai permitir, em consequência, tomar melhores decisões e desencadear ações que melhorem a capacidade de adaptação e garantam a sustentabilidade do negócio.

6.4. CONTROLO DA IMPLEMENTAÇÃO DA ESTRATÉGIA

Como sabemos então se estamos a atingir os resultados e objetivos que pretendíamos? Se estamos no rumo certo? Que alterações será necessário implementar e como avaliamos a sua eficácia?

Para que uma empresa obtenha a resposta a estas questões, é fundamental que implemente um sistema de controlo. O objetivo do controlo é garantir que se atingem os objetivos, monitorizando e medindo as ações que se implementam, dando *feedback* a todas as partes interessadas, comparando os resultados atuais com os planeados e tomando as decisões que se impõem para concretizar as metas pretendidas.

Um bom sistema de controlo permite, se existirem alterações significativas entre os objetivos e o que se está a obter, fundamentar ações a implementar e/ou ajustar os objetivos. Permite também detetar rapidamente mudanças no ambiente competitivo e avaliar o seu impacto, contribuindo para ajustar, de forma dinâmica, a empresa aos novos desafios.

Parece que se justifica a construção e desenvolvimento de um sistema de controlo que garanta que se atingem os resultados pretendidos. Para isso aconselha-se um processo em que se seguem as seguintes fases:

- Definir os objetivos que se pretendem alcançar alinhados com a Missão, Visão, Cultura e Estratégia da empresa;
- Escolher indicadores para cada objetivo tendo sempre presente a seguinte pergunta: "o que é crítico para alcançar aquele objetivo?";
- Definir metas de referência para cada indicador. Para isto é importante verificar o desempenho histórico da empresa, avaliar o desempenho dos principais concorrentes e alinhar a meta com o objetivo de topo (aquela que decorre da Visão e ou da Estratégia);
- Estabelecer o processo de obtenção de dados e de cálculo de cada um dos indicadores, quem os vai introduzir e os destinatários da informação. Nesta fase segmenta-se a informação e definem-se os destinatários;
- Desenvolver um processo sistemático de controlo com informação atempada e fiável e promover a sua disseminação na empresa. Deve-se conceber um painel de controlo (*dashboard*) para cada um dos níveis de gestão e um corporativo;
- Preparar e estruturar relatório de controlo para análise com os gestores dos diferentes níveis, evidenciando os desvios significativos para promover, se necessário, introdução de medidas corretivas.

Porque é impossível controlar tudo e porque é sempre necessário balancear os ganhos que se obtêm com um sistema de controlo com os custos necessários para o ter a funcionar, o sistema de controlo deve centrar-se nas áreas chave de desempenho para a empresa. Estas áreas são aquelas em que é necessário a empresa ser excelente para poder ter sucesso: são os pontos de controlo estratégico e situam-se ao longo do processo produtivo. Estes pontos reportam operações ou acontecimentos-chave no processo e permitem identificar problemas antes da ocorrência de prejuízos graves. Como são em número relativamente reduzido, permitem produzir informação sintética e rápida.

O controlo, para ser um sistema eficaz, deve basear-se em padrões de desempenho válidos e comunicar informação adequada aos diferentes níveis de gestão e colaboradores, potenciando o desempenho individual e coletivo.

Finalmente o sistema de controlo permite à empresa gerir a mudança num mundo dinâmico ao sustentar a aprendizagem. Permite ainda testar e validar ou alterar os pressupostos que estavam na base das metas e das ações para concretizar os objetivos.

Orçamento como base para o sistema de controlo

A maioria das empresas faz do orçamento a espinha dorsal dos seus sistemas de gestão. Muitas vezes, os sistemas de recompensa estão alinhados com as metas dos orçamentos. Esta opção é correta e potencia o desempenho e o alcance de melhores resultados.

Podem, no entanto, existir dois comportamentos que tornam o esforço de construção do orçamento inútil.

O primeiro é a tentativa, por parte dos colaboradores envolvidos na equipa de preparação do orçamento, de lutar por metas baixas nas receitas. Este tipo de comportamento vai permitir que cada um atinja com facilidade os seus objetivos e obtenha prémios, mas não permite aproveitar o potencial que a empresa tem nos mercados em que atua.

O segundo comportamento inadequado é sobrevalorizar as despesas em sede de orçamento para facilitar a obtenção de bons resultados. Inverte-se, com este comportamento, a lógica de elevação e superação da empresa que é afinal o resultado que se espera alcançar.

Como tirar partido deste importante momento de reflexão e preparação do futuro da empresa em que estão envolvidos os principais quadros (ou executivos)?

O processo começa, desde logo, com uma mudança de perspetiva, focando a empresa e os esforços de todos os participantes na análise externa, identificando as oportunidades de crescimento que existem para o próximo ano. Com o mesmo rigor e participação, identificam-se a seguir os principais obstáculos e dificuldades que se colocam à empresa, também no ano seguinte.

Em conjunto, a equipa prepara um plano de ação, tendo em conta as oportunidades e as dificuldades referidas no ponto anterior e os recursos e capacidades residentes na empresa. A seguir, com base no plano de ação, prepara-se o orçamento, incorporando a reflexão e contribuições dos participantes.

Finalmente, para avaliar a qualidade do plano de ação e do orçamento e para que se aprovem, estes devem dar resposta clara a duas questões:

- Como podemos melhorar o desempenho do ano passado?
- O que estão os nossos concorrentes a fazer e de que forma podemos ultrapassá-los?

Fica então claro que o plano de ação que serve de base ao orçamento se baseia numa análise sólida do que está a mudar nos mercados e assume-se, como meta coletiva, a melhoria do desempenho face ao ano anterior, tendo em conta os nossos concorrentes.

Com energia positiva, centrada no mercado e com o envolvimento de todos, elevamos a nossa empresa que está pronta para explorar as oportunidades, cientes dos obstáculos que se poderão encontrar, envolvendo e alinhando os participantes no processo.

Se existirem acontecimentos imprevistos no contexto externo, existirá abertura para alterar os objetivos, os planos e o orçamento, permitindo acomodar alterações que potenciem o desempenho e melhorem a posição competitiva da empresa.

Em síntese, a empresa aprende a gerir e aproveitar a mudança e desenvolve novas capacidades que lhe irão permitir encontrar novas oportunidades que conduzem a melhores desempenhos assentes no trabalho em equipa e na procura e identificação de novos desafios.

6.5. CASO PRÁTICO – A ESTRATÉGIA DA XT

O Sr. António fundador e líder do grupo XT que inclui empresas ligadas à indústria de moldes para vidro refletia sobre as dificuldades do seu grupo de empresas numa conjuntura particularmente recessiva. Ciente das suas limitações procurou preparar uma reunião com os seus consultores de estratégia com vista à reavaliação da estratégia da sua empresa. Para isso preparou um conjunto de notas com a finalidade de avançar rapidamente na procura do melhor caminho para as suas empresas.

Notas para a reunião com consultores de estratégia

Têm-se assistido na indústria de vidro de embalagem à concentração das empresas através de fusões e aquisições de forma a obter economias de escala e dimensão crítica nos diversos mercados. Devido aos elevados custos de transporte a proximidade dos diversos mercados é fator fundamental para a competitividade destas empresas cujo mercado é dominado por uma empresa americana O. Illinois e outra europeia a S. Gobain coexistindo no mercado um conjunto de empresas de dimensão nacional que servem os seus mercados ou os mercados mais próximos.

A política de fusões e aquisições na península ibérica seguiu o modelo anterior e no nosso país ficou marcado pela compra expansão da BA para o mercado espanhol com a aquisição de empresas espanholas regionais e há três anos pela compra da Sotancro, empresa nacional detida pelo grupo Espírito Santo. Recentemente verificou-se o inverso a compra de uma das empresas mais antigas do sector a RG pela espanhola Vidrala. Assistiu-se, com este movimento de aquisições, à introdução de novas racionalidades e mentalidades de gestão para a indústria de vidro e a entrada de profissionais de gestão nos departamentos de compras, fazem com que os moldes para vidro sejam cada vez mais uma *commodity* com preços, prazos de entrega e condições de fornecimento claramente definidos e onde os preços assumem cada vez mais peso nas decisões de compra, relegando para segundo plano a qualidade dos produtos e as relações existentes entre as empresas e em especial entre os fornecedores e os departamentos técnicos e de produção destas empresas. No entanto, nas empresas mais tradicionais, continua a ser importante o relacionamento com os responsáveis técnicos.

Em Portugal a empresa com maior quota de mercado é a BA, seguida da Santos Barosa (empresa independente), da S. Gobain Mondego, da RG (Vidrala). Em Espanha domina a S. Gobain seguida pela O. Illinois, logo seguidas pela Vidrala e BA e existem mais duas ou três empresas regionais de menor dimensão.

O mercado tradicional da XT tem sido o mercado nacional que absorve sempre mais de 60% das vendas. Os restantes 40% destinam-se a clientes na Espanha, Alemanha, Inglaterra, Grécia e América Latina. Apesar dos esforços feitos a XT não tem sido bem-sucedida no mercado espanhol, com exceção das vendas às empresas do BA, e até existe algum acordo com os concorrentes espanhóis para evitar quebras nos preços. No entanto, como resultado das aquisições este mercado parece estar, cada vez mais, integrado.

No mercado nacional a XT não tem grande concorrência e a sua quota de mercado deve ser superior a 65% (os dois concorrentes que existem no mercado não representarão mais de 20%). No entanto, assiste-se à entrada no mercado de empresas espanholas cujo argumento de venda principal é o preço e um bom relacionamento com os clientes, além da boa imagem e reputação que têm. Os principais concorrentes no mercado espanhol são algumas empresas espanholas a Molde Ibéria (MI) e Mopavid e a italiana Perego. Apresentamos um quadro comparativo das empresas.

A dimensão e volume de vendas das empresas estão vertidos no quadro seguinte:

EMPRESA	VENDAS	TRABALHADORES
XT	8.000.000	160
Perego	12.000.000	130
MI	6.500.000	90
Mopavid	5.500.000	70

No mercado espanhol os fatores críticos de sucesso são os seguintes por ordem de importância: preço, reputação e imagem, agressividade comercial e qualidade.

O desempenho dos diferentes concorrentes, numa escala de 1 a 7, é que está no quadro seguinte em que assistência pós Pre = preço; Qual = qualidade; PE = prazo de entrega; RI = reputação e imagem; AC = agressividade comercial.

EMPRESA	PRE	QUAL	RI	AC	TOTAL
XT	2,5	6	4	2	14,5
Perego	6,5	4	4	5	19,5
MI	2,2	4	6,5	4	16,7
Mopavid	5	4	6,5	5	20,5

A dimensão do mercado espanhol é interessante e parece, devido ao problema da distância, ser o mercado natural de expansão da XT. No entanto a empresa não tem sido bem-sucedida neste mercado, onde existe alguma proteção às empresas locais.

Em geral estas empresas fizeram investimentos elevados em novas tecnologias para melhorar a produtividade e aumentar a sua capacidade produtiva para obterem economias de escala.

O resultado de tudo o que se referiu foi uma queda das margens e a procura diminuiu devido a fatores conjunturais de recessão ou fraco crescimento verificados em Portugal e na Europa.

A estratégia do fundador da XT assentou na constituição de uma empresa de referência, competitiva e com dimensão, para responder às necessidades da indústria de vidro para embalagem. Para ser competitiva a empresa procurou sempre aumentar e otimizar a produtividade através do pioneirismo na introdução de novas tecnologias. No entanto a empresa em termos comerciais está dependente exclusivamente do seu fundador e procura ter uma estrutura muito leve existindo apenas um responsável pela produção em cada unidade

Os trabalhadores estão concentrados na produção cerca de 97%, 2% na área administrativa e financeira e menos de 1% no comercial. Cerca de 83% dos trabalhadores estão na empresa há mais de quatro anos e 56% tem menos de 35 anos. Existem 14 pessoas com formação superior e 16% têm como habilitação o 1° ciclo ou menos e 48%, o ensino básico. Os colaboradores referem como principais limitações a formação e qualificação profissional, um sistema de avaliação de desempenho e de incentivos que funcionem, dificuldades na comunicação, desajustamentos entre as chefias e os trabalhadores e layout fabril. Existe por parte dos trabalhadores uma grande confiança na gestão da empresa.

O volume de vendas não cresceu nos últimos dois anos, as margens caíram, a autonomia financeira passou de 65% há cinco anos para cerca de 35% no último exercício e a rentabilidade do ativo passou de 3% para 1% no mesmo período.

Pretende-se que:

1. Efetue uma análise estratégia à empresa XT.
2. Entende ser necessário alterar a estratégia da empresa? Em que sentido?

7.

Bibliografia

Amburgey, T. L. e Dacin, T. (1994). As the left foot follows the right? The dynamics of strategic and structural change. Academy of Management Journal, Vol 37, pp. 1427-1452.

Amit, R. e Schoemaker, P. H. (1993). Strategic assets and organizational rent. Strategic Management Journal, Vol 14, pp. 33-46.

Andrews, K. (1971) *The concept of Corporate Strategy*. Ed. Dow-Jones Irwin, Homewood.

Andrews, K., Learned, E., Christensen, C. R., e Guth, W. (1965) *Business Policy: Text and Cases*. Ed. Richard D. Irwin, Homewood.

Ansoff, Igor (1965). *Corporate Strategy*. Ed. McGraw-Hill, New York.

Bain, J. S. (1956) *Barriers to New Competition*. Ed. Harvard University Press, Cambridge.

Barney, J. (1986). Strategic Factor Markets: Expectations, Luck and Business Strategy. Management Science, Vol 5, pp. 1231-1241.

Barney, J. (1991). Firm Resources and Sustained Competitive Advantage. Journal of Management, 17 (1), pp 99-120.

Barney, J. (1995). Looking inside for competitive advantage. Academy of Management, Executive, 9 (4), pp 49-61.

Barney JB e Hesterly, WS (2018) *Strategic Management and Competitive Advantage*, 6ª Ed. Pearson.

Becker, B. e Huselid, M. (1999). Overview: Strategic human resources management in five leading firms. Human Resource Management, Vol. 38, pp 287-301.

Blank, S. (2013). Why the lean start-up changes everything, Harvard Business Review, May, pp. 65-72.

Bonoma, T. V. (1984). Making your marketing strategy work, Harvard Business Review, Sep-Oct. pp. 167-176.

Bower, J. L. (1970). *Managing the resource Allocation Process*. Ed. Harvard University Press, Boston.

Burton, R. e Kuhn, AJ. (1979). Strategy follows structure; the missing link of their intertwined relation. Duke University, Working Paper.

Chandler, A. D. (1962). *Strategy and structure: Chapters in the history of the industrial enterprise*, MIT press.

Collis, D.J. e Rukstad, M. G. (2008) Can You Say What Your Strategy Is? Harvard Business Review, April, Vol. 86, Issue 4, pp 82-90

Conner, K. (1991). A Historical Comparison of Resource Based Theory and Five Schools of Thought Within Industrial Organizations Economics: Do We Have a New Theory of the Firm. Journal of Management, 17 (1), pp 121-154.

Deming, W.E. (1993). *The New Economics*. MIT Press. Cambridge, MA.

Donaldson, L. (1982). Divisionalization and diversification: a longitudinal study. Academy of Management Journal, Vol. 25, pp. 909-914.

Donaldson, L. (1987). Strategy and structural adjustment to regain fit and performance: in defense of contingency theory. Journal of Management Studies, Vol. 24, pp. 1-24.

Donaldson, L. (1996). *For Positivist Organization Theory: Proving the Hard Core*. Ed. Sage, London.

Drucker, PF e Maciariello, JA. (2005). *Diário de Drucker.* Ed. Atual.

Eisenhardt, K. e Bourgeois, L. J. (1988). Politics of strategy decision making in high-velocity environments: toward a midrange theory. Academy of Management Journal, Vol. 13, pp. 737-770.

Fayol, H. (1917), *Administration Industrielle et Générale.* Ed. Dunod et E. Pinat, Paris.

Fouraker, L. E. e Stopford, J. M. (1968). Organizational structure and the multinational strategy. Administrative Science Quarterly, Vol. 13, pp. 47-64.

Fredrickson, J. W. (1986). The strategic decision process and organizational structure. Academy of Management Journal, Vol. 11, pp. 280-297.

Galán Zazo, J. I. e Suárez González, I. (1997). Estrategia y estructura organizativa: el caso español. Revista Europea de Dirección y Economía de la Empresa, Vol. 6, n.º 2 ppg. 91-104.

Galbraith, J. R. e Nathanson, D. A. (1978). *Strategy implementation: The Role of Structure and Process*. Ed. West, St. Paul.

Ghemawat, P. (1999). *Strategy and the Business Landscape*. Ed. Addison Wesley Longman.

Grant, R. M. (1991). The resource-based theory of competitive advantage: Implications for strategic formulation. California Management Review, Vol. 33, pp. 114-135.

Grant, R. M. (1996). Toward a knowledge-based theory of the firm. Strategic Management Journal, Vol. 17, pp. 109-122.

Grinyer, P. H. e Yasai-Ardekani, M. (1981). Strategy, structure, size and bureaucracy. Academy of Management Journal, Vol. 24, pp. 471-486.

Hamel, G. e Prahalad, C. K. (1994). *Competing for the future*. Ed. Harvard Business School Press, Boston.

Hamilton, R. T. e Shergill, G. S. (1992). The relationship between strategy structure fit and financial performance in New Zealand: evidence of generality and validity with enhanced controls. Journal of Management Studies, Vol. 29, pp. 95-113.

Hamilton, R. T. e Shergill, G. S. (1993). *The Logic of New Zealand Business: Strategy, Structure and Performance*. Ed. Oxford University Press, Auckland, New Zealand.

Harris, I. C. e Ruefli, T. W. (2000). The strategy structure debate: an examination of the performance implications, Journal of Management Studies, Vol. 37, pp. 587-603.

Hatten K. J. e Schendel, D. E. (1977). Heterogeneity within an industry: Firm Conduct in the U.S. Brewing Industry 1952-1971. Journal of Industrial Economics 26, pp. 97-113.

Hill, C. W. e Hoskisson, R. E. (1987). Strategy, structure in the multiproduct firm. Academy of Management Review, Vol. 12, pp. 331-341.

Hitt, M. A., Bierman, L., Shimizu, K. e Kochhar, R. (2001). Direct and moderating effects of human capital on strategy and performance in professional service firms: A resource-based perspective. Academy of Management Journal, Vol. 44, pp. 13-28.

Hitt, M. A., Ireland, R. D. e Hoskisson, R. E. (2009) *Strategic Management: Competitiveness and Globalization (Concepts and Cases)*, 8th Edition, South-Western

Hodgetts, R. (2000). Conversación com Michael Porter: la estrategia y la estructura organizativa. Harvard Deusto Business Review, n. ° 96, pp. 24-32.

Hoskisson, R. E. (1987). Multidivisional structure and performance: the contingency of diversification strategy. Academy of Management Journal, Vol. 30, pp. 625-644.

Johnson G. e Scholes K. (2002). *Exploring Corporate Strategy*. 6th Ed. Prentice Hall, London.

Johnson, G., Scholes, K. e Whittington, R., Angwin, D. and Regnér, P. (2017). *Exploring Strategy.* 11th Ed. Pearson.

Kahneman, D. (2012). *Thinking, Fast and Slow*. Allen & Unwin.

Kaplan, R. S. e Norton D. P. (1992). The Balanced Scorecard – Measures that drive performance. Harvard Business Review, Jan-Feb. pp. 71-79.

Kaplan, R. S. e Norton D. P. (1996). *The Balanced Scorecard: Translating strategy into action*. Harvard Business School Press.

Kaplan, R. S. e Norton D. P. (2000). Having trouble with your strategy? Then map it. Harvard Business Review, Sep-Oct. pp. 167-176.

Kaplan, R. S. e Norton, D. P. (2001). *Organização Orientada para a Estratégia*, Editora Campus.

Kaplan, R. S. e Norton, D. P. (2004). *Mapas Estratégicos*, Editora Campus.

Kaplan, R. S. e Norton, D. P. (2006). Alinhamento, Editora Campus.

Kaplan, R. S. e Norton, D. P. (2009). *Prémio de Execução*, Atual Editora.

Kazanjian, R. K. e Drazin, R. (1987). Implementing internal diversification: contingency factors for organizational design choices. Academy of Management Review, Vol. 12, pp. 342-354.

Lepak, D. P. e Snell, S. A. (1999). The human resource architecture: Toward a theory of human capital allocation and development. Academy of Management Review, Vol. 24, pp. 31-48.

Mason, E. S. (1939) Price and production policies for large scale enterprises. American Economic Review, Vol. 29, pp. 61-74.

Mintzberg, H. (1990). The design school: reconsidering the basic premises of strategic management. Strategic Management Journal, Vol. 11, pp. 171-195.

Mintzberg, H. (2007). Tracking Strategies: Towards a General Theory. Ed. Oxford University Press.

Nelson, R. R. (1991). Why do firms differ, and how does it matter? Strategic Management Journal, Vol. 12, pp. 61-74.

Penrose, E. (1959). *The Theory of the Growth of the Firm*. Ed. Basil Blackwell, Oxford.

Peteraf, M. A. (1993). The Cornerstones of Competitive Advantage: A Resource-Based View. Strategic Management Journal, 14, pp. 179-192.

Pitts, R. A. (1977). Strategies and structures for diversification. Academy of Management Journal, Vol. 20, pp. 197-208.

Porter, M. E. (1979) The Structure Within Industries and Companies' Performance, Review of Economics and Statistics, 61, pp. 214-227.

Porter, M. E. (1980). *Competitive Strategy: Techniques for Analyzing Industry and Competitors*, New York: Free Press.

Porter, M. E. (1985). *Competitive Advantage: Creating and sustaining Superior Performance,* New York: Free Press.

Porter, M. E. (1991). Towards a Dynamic Theory of Strategy. Strategic Management Journal, Vol.12, pp. 95-117.

Porter, M. E. (2008). The five competitive forces that shape strategy. Harvard Business Review, January, pp. 79-193.

Prahalad, C. K. e Hamel, G. (1990). The core competence of the corporation.

Harvard Business Review, May-June, pp. 79-91.

Rumelt, R. P. (2011) *Good Strategy, Bad Strategy*, Ed. Profile Books Ltd., London.

Rumelt, R. P. (1974). *Strategy, Structure and Economic Performance*. Boston: Division of Research, Harvard Business School.

Rumelt, R. P. (1984). Towards a Strategic Theory of the Firm. In Lamb, RB (ed.), Competitive Strategic Management. Englewood Cliffs, N.J.: Prentice--Hall, pp. 556-570.

Rumelt, R. P., Schendel, D.E. e Teece, D.J. (1998). *Questões Fundamentais de Estratégia. Lisboa*, Bertrand, Vol. 1, pp. 27-71.

Simon, H. (1976). *Administrative Behavior*. Ed. Free Press, New York.

Simon, H. (1991). Bounded rationality and organizational learning. Organization Science, Vol. 2, pp. 125-134.

Spanos, Y. e Lioukas, S. (2001). An examination into the causal logic of rent generation: Contrasting Porter's competitive strategy framework and the resource--based perspective. Strategic Management Journal, Vol. 22, pp. 907-934

Steer, P. e Cable, J. (1978). Internal organization and profit: an empirical analysis of large U. K. companies. The Journal of Industrial Economics, Vol. 27, pp. 13-30.

Teece, D. J. (2007). Explicating dynamic capabilities: the nature and micro foundation of (sustainable) enterprise performance. Strategic Management Journal, Vol. 28, pp. 1319-1350.

Teece, D. J. Pisano, G. e Shuen, A. (1997). Dynamic Capabilities and Strategic management. Strategic Management Journal, Vol. 18:7, pp. 509-533.

Thompson A. A. e Strickland A. J. (1998). *Crafting and Implementing Strategy*. Ed. McGraw-Hill, Boston.

Thompson, R. S. (1981). Internal organization and profit: a note. The Journal of Industrial Economics, Vol. 30, pp. 210-211.

Wernerflet, B. (1984). A Resource-Based View of the Firm. Strategic Management Journal, 5, pp. 171-180.

Whittington, R. (1996) Strategy as practice. Long Range Planning 29(5), pp 731-735.

Williamson, O. E. (1975) *Markets and Hierarchies*. Ed. Free Press, New York.

Questões de desenvolvimento

1. **Discuta e apresente a estratégia de liderança em custos de Porter e mostre como pode contribuir para a vantagem competitiva.**

A liderança de custos permite à empresa competir oferecendo um preço mais baixo para um nível de qualidade de produtos semelhante aos dos concorrentes. O tema central desta linha estratégica é a redução de custos em todas as atividades que permitam sustentar preços baixos, criando assim valor para o cliente, realizando elevados volumes de venda nos múltiplos segmentos de mercado. Podemos, no setor automóvel considerar que KIA, Renault, SEAT, entre outras, são empresas que seguem esta estratégia.

Nesta estratégia, é fundamental atingir a liderança no custo total numa indústria, através de um conjunto de políticas funcionais orientadas para esse objetivo básico. No entanto, a qualidade, a assistência e outras áreas não podem ser completamente ignoradas. Em geral, estes produtores vendem um produto padrão (indiferenciado) e dão ênfase considerável à obtenção de vantagens de custo absoluto e de escala de todas as fontes.

2. **Apresente e explique o modelo das 5 forças de Porter.**

Porter pretende identificar os fatores que determinam a estrutura do mercado, ou, na sua terminologia, os fatores que influenciam o potencial ou a atratividade de uma indústria.

No período compreendido entre 1992 e 2006 (Porter, 2008) identificou variações enormes nas rentabilidades das diferentes indústrias cuja amplitude variava entre os 40,9% nos serviços de corretagem e negociação de ações e os 5,9% das companhias de aviação e vendas por catálogo. Hoje em dia não é muito diferente.

Para compreender e avaliar os fatores que influenciam estas diferenças Porter identificou 5 forças: Poder de fornecedores e de clientes, Rivalidade dos concorrentes, Ameaças de novas entradas e de produtos/serviços substitutos. Estas 5 forças verificam-se em todos os setores e indústrias, sejam elas tradicionais, em fase de maturidade ou de crescimento rápido ou relacionadas com novas tecnologias e de ciclo rápido.

Cada uma destas forças poderá ter efeitos positivos na rentabilidade, se for possível aumentar preços, reduzir custos e investimentos, ou pelo contrário, o seu efeito será negativo na rentabilidade devido à redução nos preços, ao aumento nos custos e ao aumento do investimento necessário. Estes efeitos podem ser considerados isoladamente ou em conjunto alavancando o seu impacto na rentabilidade.

É a atratividade que determina a rendibilidade a longo prazo de uma indústria. As empresas, reafirma Porter (1991), "devem ver o seu contexto competitivo com clareza e devem construir e proteger uma posição que possam defender".

Porter (1980) defende que " "a essência da formulação da estratégia competitiva é relacionar a empresa com o seu meio ambiente... o aspeto principal do meio", que "tem uma forte influência na determinação das regras competitivas... assim como das estratégias potencialmente disponíveis".

3. Discuta e apresente a estratégia genérica de foco de Porter e mostre como pode contribuir para a vantagem competitiva.

4. Apresente e explique a teoria I/O para fundamentar resultados acima da média.

5. A que dimensão do modelo PESTAL pertence a "hábitos culturais"? Posteriormente, adicione à sua resposta o Modelo PESTAL explicando de forma completa cada dimensão.

6. Distinga recursos e capacidades. Que características devem ter os recursos ou capacidades para gerar vantagens competitivas sustentáveis?

Os recursos são os inputs do processo de produção da empresa, como equipamentos importantes, habilidades individuais dos funcionários, patentes, finanças e gestores de talento. Recursos são aquilo que temos.

Por outro lado, a capacidade é a condição que um conjunto de recursos possui de desempenhar uma tarefa ou atividade de forma integrada. Por meio do uso continuado, as capacidades ficam fortalecidas e, consequentemente, tornam-se mais difíceis de serem compreendidas e imitadas pela concorrência. As capacidades são o que sabemos fazer. Por exemplo: capacidade de utilização de equipamentos, eficiência e produtividade, flexibilidade.

No entanto, nem todos os recursos e capacidades de uma empresa têm potencial para servir de base para uma vantagem competitiva. Esse potencial será realizado se os recursos e capacidades forem valiosos, raros, dispendiosos de imitar e insubstituíveis, e se a empresa estiver organizada para os explorar (Modelo VRIO de Barney, 1995).

7. Afinal o que é e para que serve a estratégia?

Numa primeira aproximação, e de uma forma intuitiva e largamente consensual no meio académico, será o caminho de longo prazo que a empresa vai percorrer para atingir os seus objetivos. Numa asserção mais profunda e na esteira de Rumelt et al., (1998) "as empresas, se não mesmo todas as organizações, encontram-se em concorrência – concorrência por fatores de inputs, concorrência por clientes e, em última instância, concorrência por receitas que cubram os custos dos meios utilizados para sobreviverem. Mas para sobreviverem, devido à concorrência, as empresas têm de fazer escolhas: a seleção de objetivos; a escolha de produtos e serviços a serem oferecidos; o desenho e configuração das políticas que determinam o modo como a empresa se posiciona para competir nos mercados (e.g., estratégia competitiva); a escolha de um nível apropriado de amplitude e diversidade; e o desenho da estrutura organizacional, dos sistemas administrativos, e das políticas utilizadas para definir e coordenar o trabalho. É uma proposição básica da área da estratégia que estas escolhas têm influência crítica no sucesso ou insucesso da empresa, e que devem ser integradas. É a integração (ou o padrão da sua aplicabilidade) destas escolhas que faz deste conjunto uma estratégia" (pp. 27-28).

8. Apresente o Modelo da Cadeia de Valor de M. Porter.

9. A vantagem competitiva de custo e de diferenciação são antagónicas. Comente, justificando as suas afirmações.

Apesar de Porter definir estas estratégias genéricas, nos anos 90 e seguintes, algumas empresas conseguiram ter enorme sucesso nos seus negócios combinando a estratégia de liderança em custos e diferenciação como foi o caso da Toyota e da IKEA. Estas empresas conseguiram combinar uma forte orientação para custos e diferenciação aumentando o valor criado para os seus clientes que lhes permitiu a obtenção da liderança nos respetivos setores. Ora, nos tempos atuais, para se ter sucesso é necessário combinar as diversas estratégias para satisfazer as necessidades dos clientes, que cada vez mais são multidimensionais. A complexidade destas sucessivas combinações torna a estratégia cada vez mais difícil de imitar e, por isso, mais interessante, contribuindo para tornar cada empresa mais singular, potenciando sustentabilidade na obtenção de resultados acima da média.

11. No âmbito do conceito de estratégia, o que significa diferenciação?

Questões escolha múltipla

1. **Qual destes autores teve um papel relevante no desenvolvimento da estratégia nos anos oitenta?**
   a) Porter.
   b) Barney.
   c) Drucker.
   d) Andrews.

2. **Qual das seguintes não é uma das atividades primárias da cadeia de valor?**
   a) Operações.
   b) Aquisições.
   c) Vendas.
   d) Serviço.

3. **Para a Liderança em Custos são fundamentais os seguintes recursos:**
   a) Capacidade criativa.
   b) Boa capacidade de engenharia de processo.
   c) Forte cooperação com os canais e distribuição.
   d) Grande capacidade em IDI.

4. Consideram-se as seguintes forças que determinam a rentabilidade numa indústria, de acordo com Porter:

a) Poder de clientes, fornecedores e estado, rivalidade, ameaça de substitutos e novos concorrentes.
b) Poder de clientes e fornecedores, rivalidade, ameaça de substitutos e de novos concorrentes.
c) Poder de clientes, fornecedores e estado.
d) Estrutura de custos das diferentes empresas.

5. Consideram-se incluídas nas atividades da cadeia de valor as seguintes atividades de apoio:

a) Aquisições, logística de entrada e saída, operações, marketing e serviços.
b) Gestão de Recursos humanos, Tecnologia, Infraestruturas e aquisições.
c) Logística de entrada e saída, operações, marketing e vendas e serviços.
d) Aquisições, Gestão de Recursos humanos, Tecnologia, Infraestruturas e Auditorias.

6. Qual das seguintes frases traduz melhor o objetivo central da estratégia?

a) Perceber como é que algumas empresas conseguem obter, de forma consistente no tempo resultados mais elevados que os seus concorrentes e conseguem criar valor económico.
b) Perceber como é que algumas empresas conseguem obter, de forma consistente no tempo resultados mais elevados que os seus concorrentes.
c) Para ajudar a empresa a obter vantagem competitiva.
d) Para ajudar a identificar os principais concorrentes.

7. Os recursos para poderem gerar vantagem competitiva sustentável devem ter as seguintes características:

a) Serem passíveis de patentear e proteger os direitos.
b) Serem controlados pela empresa e aplicados nos processos produtivos.
c) Serem valiosos, raros e insubstituíveis.
d) Nenhuma das opções está correta.

8. As cinco tarefas da estratégia são:

a) Desenvolver a missão e visão, definir objetivos, conceber uma estratégia para atingir objetivos, implementar a estratégia e avaliá-la efetuando os ajustamentos necessários.

b) Análise externa, análise interna, escolha da estratégia, implementação e controlo.

c) Desenvolver a missão, desenvolver a visão, conceber uma estratégia para atingir objetivos, implementar a estratégia e avaliá-la efetuando os ajustamentos necessários.

d) Análise PEST, 5 forças, recursos e capacidades, implementação e auditar.

9. Consideram-se os seguintes níveis na estratégia:

a) Estratégia corporativa.

b) Estratégia competitiva.

c) Estratégia operacional.

d) Todas as opções estão corretas.

10. Consideram-se incluídas nas atividades da cadeia de valor as seguintes atividades primárias:

a) Aquisições, logística de entrada e saída, operações, marketing e serviços.

b) Gestão de Recursos humanos, Tecnologia, Infraestruturas, margem.

c) Logística de entrada e saída, operações, marketing e vendas e serviços.

d) Aquisições, Gestão de Recursos humanos, Tecnologia, infraestruturas e auditorias.

11. Qual das seguintes não é uma característica dos recursos e capacidades que servem de base à Vantagem Competitiva?

a) Valiosos

b) Raros

c) Móveis

d) Dispendiosos de imitar

12. Qual das seguintes tarefas não faz parte do processo de gestão da estratégia?

a) Escolher os segmentos e mercado a servir
b) Desenvolver missão e visão e definir objetivos
c) Conceber a estratégia para atingir objetivos
d) Implementar e avaliar a estratégia

13. A Matriz de Ansoff refere-se às opções da empresa relativamente a:

a) Métodos de desenvolvimento dos recursos da empresa
b) Posicionamento competitivo
c) Implementação da estratégia
d) Vias de crescimento dos negócios

14. Das escolhas estratégicas fazem parte as seguintes decisões:

a) Escolha de produtos serviços a serem oferecidos, nível de diversificação
b) Definição do posicionamento nos mercados e da estrutura organizativa
c) Seleção dos objetivos
d) Todas as opções estão corretas

15. Na Análise interna, aos recursos que contribuem para satisfazer as necessidades dos clientes melhor que os da concorrência, chamam-se:

a) Forças;
b) Fraquezas;
c) Oportunidades;
d) Nenhuma das respostas anteriores está correta.

16. No Modelo das 5 Forças, o conceito de Barreiras à Saída aplica-se:

a) À Rivalidade na Indústria;
b) Ao Poder Negocial dos Clientes;
c) Ao Poder Negocial dos Fornecedores;
d) Nenhuma das respostas anteriores está correta.

17. Qual das seguintes tarefas faz parte do processo de gestão da estratégia?

a) Implementar e avaliar a estratégia;
b) Desenvolver missão e visão e definir objetivos;
c) Conceber a estratégia para atingir objetivos;
d) Todas as respostas anteriores estão corretas.

18. Na Matriz de Ansoff a "extensão de produto" resulta da combinação:

a) Produtos Atuais versus Mercados Novos;
b) Mercados Novos versus Produtos Novos;
c) Produtos Novos versus Mercados Atuais;
d) Mercados Atuais versus Produtos Atuais.

19. No Modelo das 5 Forças, o conceito de Barreiras à Entrada aplica-se:

a) À Rivalidade na Indústria;
b) Ao Poder Negocial dos Clientes;
c) Ao Poder Negocial dos Fornecedores;
d) Nenhuma das respostas anteriores está correta.

20. No modelo PESTAL a regulamentação de comércio externo faz parte do contexto:

a) Económico;
b) Político;
c) Ambiental;
d) Legal.

* Respostas: 1a; 2b; 3b; 4b; 5b; 6a; 7d; 8a; 9d; 10c; 11c; 12a; 13d; 14d; 15a; 16a; 17d; 18c; 19d; 20b.